THE FACT
異次元ファイル

大学生UFO遭遇事件の真相に迫る

THE PARANORMAL FILES

RYUHO OKAWA
大川隆法

本リーディングは、2015年2月20日、幸福の科学総合本部にて、
公開収録された（写真上・下）。

まえがき

私が大きな講演会や行事をやる時、よくＵＦＯが現れる、ということは、知る人ぞ知る真実である。

数年前、横浜アリーナで講演会をして、最後の五分ぐらいで、これから宇宙との交流の時代に入ると告げた後、アリーナ上空にＵＦＯフリート（艦隊《かんたい》）が現れた。講演会後の数千人の人たちが、上空を見上げ、指《ゆび》さしながら語りあっているのを、私も車中から目撃した。

今回紹介するのは、九十九里浜《くじゅうくりはま》にある幸福の科学の千葉正心館《しょうしんかん》で、私が学生部研修の講話をする前日の夜に起きた事件である。五年前の夏のこの事件を、様々な霊能力を駆使《くし》して調査した報告書が本書の内容である。すでに「ＴＨＥ《ザ》　ＦＡＣＴ《ファクト》

異次元ファイル」という当会のインターネット番組でも紹介されているが、UFO後進国・日本を、いま一歩進化させるべく公開する次第《しだい》である。

二〇一五年　八月八日

幸福《こうふく》の科学《かがく》グループ創始者兼総裁《そうししゃけんそうさい》　大川隆法《おおかわりゅうほう》

THE FACT 異次元ファイル　目次

THE《ザ》 FACT《ファクト》 異次元ファイル

――大学生ＵＦＯ遭遇《そうぐう》事件の真相に迫《せま》る――

二〇一五年二月二十日　収録
東京都・幸福の科学総合本部にて

古来、釈迦《しゃか》のように悟《さと》りを開いた人には、人知を超《こ》えた六種の自由自在の能力「六神通《ろくじんずう》」〈神足通《じんそくつう》・天眼通《てんげんつう》・天耳通《てんにつう》・他心通《たしんつう》・宿命通《しゅくみょうつう》・漏尽通《ろじんつう》〉が備わっているとされる。それは、時空間の壁《かべ》を超え、三世《さんぜ》を自在に見通す最高度の霊的《れいてき》能力である。著者は、六神通を自在に駆使《くし》した、さまざまなリーディングが可能。

本書に収録された公開リーディングにおいては、「タイムスリップ・リーディング（対象者の過去や未来の状況《じょうきょう》を透視《とうし》する）」「リモート・ビューイング（特定の場所に霊体《れいたい》の一部を飛ばし、その場の状況を視《み》る）」「マインド・リーディング（遠隔地《えんかくち》の者も含《ふく》め、対象者の思考や思念《しねん》を読み取る）」「ミューチュアル・カンバセーション（通常は話ができないような、さまざまな存在の思いをも代弁して会話する）」という四つのリーディングを使用している。

THE《ザ》 FACT《ファクト》 異次元ファイル

――大学生UFO遭遇《そうぐう》事件の真相に迫《せま》る――

二〇一五年二月二十日　収録

東京都・幸福の科学総合本部にて

〔役職等は収録時点のもの〕

対象者

沼口《ぬまぐち》祈《いのり》（幸福の科学信者）

沼口永遠《とわ》（幸福の科学人事局職員）

質問者

※質問順

里村《さとむら》英一《えいいち》（幸福の科学専務理事〔広報・マーケティング企画担当〕）

斎藤《さいとう》哲秀《てっしゅう》（幸福の科学編集系統括《とうかつ》担当専務理事）

天雲《てんくも》菜穂《なお》（幸福の科学第一編集局長）
「THE《ザ》 FACT《ファクト》 異次元ファイル」ナビゲーター

1　千葉《ち》《ば》県長生村《ちょうせいむら》で起きた「ＵＦＯ遭遇《そうぐう》事件」の真相を探《さぐ》る

ネット番組で公開され話題騒然《そうぜん》となっている「ＵＦＯ遭遇《そうぐう》事件」

里村　それでは、大川隆法・幸福の科学グループ創始者兼《けん》総裁より、「ＴＨＥ《ザ》 ＦＡＣＴ《ファクト》 異次元ファイル――ＵＦＯスペシャル編――」を賜《たまわ》ります。

大川隆法総裁、よろしくお願いいたします。

大川隆法　何か、テレビ局に来ているみたいですね。

〝ＵＦＯ研究家〟の大川です（笑）（会場笑）。

里村　（笑）いえいえ。本日は、ありがとうございます。

初めに、本日の趣旨《しゅし》を申し上げます。

今年の秋（二〇一五年十月十日）、幸福の科学のアニメ映画「ＵＦＯ学園の秘密」（製作総指揮・大川隆法）が公開になりますが、この映画に向けて、宇宙への関心が非常に高まってくることと思います。

したがいまして、当会では、今までのネット番組「ＴＨＥ　ＦＡＣＴ」（マスコミが報道しない「事実」を世界に伝えるオピニオン番組）に加えまして、宇宙の真実を追究する新しいネット番組「ＴＨＥ　ＦＡＣＴ　異次元ファイル」をスタートしました。

その一回目が今年の二月にネット上にアップされましたけれども、非常に話題を

映画「ＵＦＯ学園の秘密」

マスコミが報道しない「事実」に対し、独自取材を通じて科学的、実証的に宇宙・UFO・スピリチュアルに迫った幸福の科学のネット番組（YouTube上で放送中）。

〈これまでの主な番組〉

- ▶隠されたUFOの存在―宇宙人との交流はすでに始まっていた！
- ▶元カナダ国防大臣 ポール・ヘリヤー激白「米軍では宇宙人が働いている」
- ▶アメリカが隠し続ける宇宙人・UFO機密に迫る〜ロズウェルで何が起こったのか？〜
- ▶なぜ日本はUFOと宇宙人を認めないのか？― 戦後体制とUFOの意外な関係 ほか

異次元ファイル 検索

カナダの元国防大臣ヘリヤー氏に独占取材を敢行

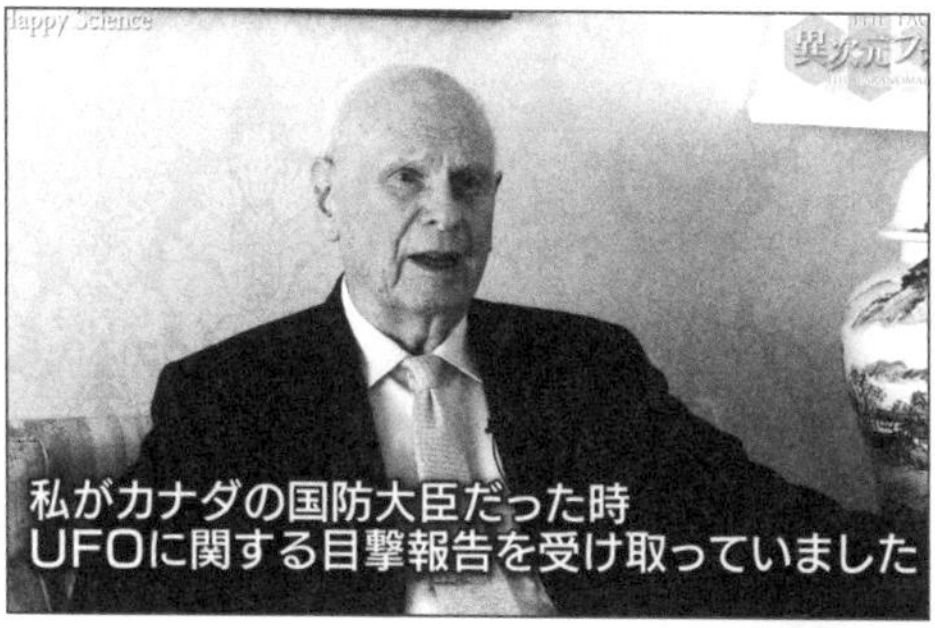

「THE FACT 異次元ファイル」の独占取材に応えたカナダの元国防大臣ポール・ヘリヤー氏（左）は、アメリカ政府が宇宙人との交渉を行っている事実を、知人である米空軍の将官に直接確認したことを語った。

元日航機長の小林一郎氏が「THE FACT 異次元ファイル」の取材に応じ、UFOに遭遇したときの状況を生々しく証言（右は再現イラスト）。

呼んでいるのが、この番組の冒頭《ぼうとう》に出てくる、「千葉県長生村《ちばけんちょうせいむら》で、当時、大学生だった若者たちがUFOを見て、宇宙人らしきものと遭遇《そうぐう》した」という体験談です。
その体験を再現シーンも含《ふく》めて公開したところ、非常に話題騒然《そうぜん》となっています。
今日は、「『その場でいったい何があったのか』というあたりも含めて、真相に迫《せま》ろう」ということで、こういう機会を賜りました。

大川隆法　うーん。

里村　このあとの進行は、「THE FACT 異次元ファイル」のナビゲーター・天雲さんにお願いしたいと思います。

天雲　はい。

〝ＵＦＯ多発地域〟の長生村《ちょうせいむら》で起きた「ＵＦＯ遭遇《そうぐう》」事例

天雲　先ほどの紹介《しょうかい》にありましたとおり、本日の「ＵＦＯスペシャル編」では、千葉県の長生《ちょうせい》村を調査したいと考えています。

長生村は、ある意味で、〝ＵＦＯ多発地域〟となっているようです。

長生村には、幸福の科学の研修施設である千葉正心館《しょうしんかん》や、高等宗教研究機関・現代の松《しょう》下《か》村塾《そんじゅく》として二〇一五年四月に開学するハッピー・サイエンス・ユニバーシティ（ＨＳＵ）がありまして、そこでも多数のＵＦＯが、目撃されています。

では、モニターの画像をご覧ください。

ＵＦＯ多発地域として数々の目撃情報が！

（モニターに、三機のＵＦＯが飛来している写真①が表示される）

こちらは、二〇一〇年十二月十五日に、千葉正心館付近に出現したＵＦＯです。

大川隆法　うん。

天雲　（写真①に点線で描かれている）この丸のなかに三つ、ＵＦＯが写っています。

斎藤　これは、九十九里浜《くじゅうくりはま》から撮影《さつえい》しているんですね。

写真①
2010年12月15日、千葉正心館付近に出現した3機のUFO（写真丸囲み部分）。

天雲　はい、そうです。こういうことがありました。

次に、最新号の「ヤング・ブッダ」（幸福の科学で発行している若者向け布教誌《ふきょうし》）の画像をご覧ください。

（モニターに、「ヤング・ブッダ」二〇一五年三月号の表紙と九ページに掲載《けいさい》されているイラスト入り記事が表示される）

こちらの誌面にも、「学生が二〇一一年八月十一日に千葉正心館付近で、『ソフトクリーム

「ヤング・ブッダ」2015年3月号で、宇宙人やUFOとの遭遇体験を掲載。

〈目撃体験談の例〉

- ▶千葉正心館付近で、渦巻き状の雲のなかに発光するUFOの大群らしきものを目撃した体験
- ▶夜、自宅に侵入した鳥型の宇宙人からレーザーのようなものを心臓部に照射された体験
- ▶5歳の弟が寝言で宇宙人時代の記憶らしき話を詳細に語った体験

を逆にしたような形の雲のなかに、ＵＦＯがピカピカと光っているのを見た』」という体験談が載《の》っています。

大川隆法　ふーん。今日、調べるものの一年後ぐらいですか。翌年？

里村　そうですね。

天雲　はい。

大川隆法　うんうん、うんうん。

「事件」は大川隆法の説法《せっぽう》前日の夜に起きていた!?

天雲　本日、調査する事件も、もちろん、千葉県長生村での事件です。今、大川総裁の目の前に座《すわ》っておられるお二人が事件の体験者で、ごきょうだいです。弟さんの沼口祈《ぬまぐちいのり》さんと、お姉さんの沼口永遠《とわ》さんです。

大川隆法　（沼口きょうだいを指して）宇宙から来られた方々ですか？

里村　いえ（笑）。

大川隆法　そうではない？（笑）

天雲　そうかもしれません（笑）。

斎藤　地球の方です（会場笑）。

天雲　このお二人は、二〇一〇年八月二十五日に、長生村で起きた「ＵＦＯ遭遇事件」の目撃者ですので、今日はお越《こ》しいただいています。

大川隆法　私が（学生局主催《しゅさい》の夏期研修の）説法《せっぽう》に行った前日の晩ですね？

里村　はい。大川総裁の御法話《ごほうわ》の前日です。

大川隆法　あそこでやったのは、勉強法か何かの話でしたか。

里村　ええ、そうです。

斎藤　「知的体力増強法」というタイトルでした。

大川隆法　そうですか。説法のなかで何か、「蟹《かに》がたくさん逃《に》げてきていた」というような話をした、あのときではなかったですか。

天雲　（笑）はい。

大川隆法　何か、「講堂のなかに、蟹がたくさん入ってくるので困る」とか言っていましたね。

五年前の夏、長生村《ちょうせいむら》で起きた「衝撃《しょうげき》の事件」を振《ふ》り返る

天雲　それでは、さっそく、お二人が体験された「ＵＦＯ遭遇事件」がどのようなものだったのかを、ＶＴＲでご覧いただこうと思います。

斎藤　当日の「再現フィルム」ですね？

天雲　はい。

大川隆法　まもなくＨＳＵの開学ですが（収録当時）、大丈夫《だいじょうぶ》ですか？　それを上映して内容が怖《こわ》かった場合、〝お客〟が逃げてしまったりするようなら（会場笑）、私は手加減して言わないといけないのですけれども……。いい企画《きかく》ではあるものの、怖そうな内容のようですが、構わないですか？

里村　はい。もう展開は私にお任《まか》せいただいて……。

大川隆法　ＵＦＯや宇宙人を好きな人であれば、優秀《ゆうしゅう》な理科系の学生であっても、「（宇宙人に）捕《つか》まってもいいので、研究してみたい」というような人が来るかもしれませんが、「怖い」と思われると、人が多いほうへ行くかもしれませんので、「大丈夫かな」と。

里村　はい。私が代表して、進行してまいりますので……。

天雲　（笑）（会場笑）

斎藤　（里村に）大丈夫ですか？　サポートします（笑）。

大川隆法　では、お願いします。

天雲　それではさっそく、今から五年前の夏に、千葉県長生村《ちょうせいむら》で起きました「ＵＦＯ遭遇事件」を再現ＶＴＲでご覧いただきます。

ある夏の日の夜、６人の学生が九十九里浜の上空に不思議な光を発見。はじめは星かと思ったが……。

2010年8月25日22時
千葉県九十九里浜

沼口 祈さん
飛行機みたいなのが飛んでいて

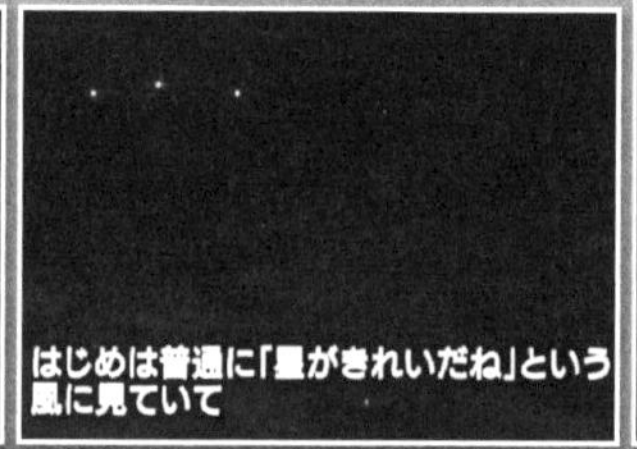
はじめは普通に「星がきれいだね」という風に見ていて

◉モニターにて「再現ドラマ」上映

（「THE FACT 異次元ファイル」より）

（女性：きれいだね、星。

男性：きれいだね。来たかいあったね。）

証言者①　初めは、普通《ふつう》に「星がきれいだね」というように夜空を見ていたら、飛行機みたいなものが飛んでいて……。

(こちらが)恐怖心を抱くくらい
(UFOの)数が多くなってしまった

光の数はどんどん増えてバラバラに動き回り、
学生たちに得体の知れない恐怖心が募る。

（男性：あれ？　何？　あれ。うん？　あ、あそこ。）

証言者①「ＵＦＯかな」と思ったのは、（その飛行機みたいなものが）みんな、本当にバラバラな動きをしたり、一機だけは同じところをずっと回っているような動きをしたりしたからなのですけれども、恐怖心《きょうふしん》を抱《いだ》くぐらい数が多くなってきてしまったので、「みんなで、とりあえず車のなかに戻《もど》ろう」ということで……。

突然、海上に巨大な光のドームが出現し、
なかから２体の宇宙人が降りてきた。

（男性：ちょっと……。あっ！　あそこ……。）

証言者①　本当にいきなり、東京ドームか何かのような、光る物体が現れたんです。

証言者②　白いドームのような形。

（ドームのような光る物体の手前が開き、二人の宇宙人らしきものが降りてきて、こちらに向かってくるシーンが表示される）

蛍光灯のように白く光る体に、不気味な赤い目をしている。

ここ(頭)らへんが黒かったんですよね

ちょうど目のあたりが
赤く光っているんですね

首から下が蛍光灯のように
真白く光っていて

証言者①（向かってくる二人が）人のような形をしていまして、首から下が、本当に蛍光灯《けいこうとう》のように真《ま》っ白く光っていて、ちょうど目のあたりが赤く光っているんですよ。

証言者③　それで、「ヤバイ！　ヤバイ！」となって。赤い目の二体の（頭の位置を手で示しながら）ここらへんが黒かったんですよね、やっぱり。

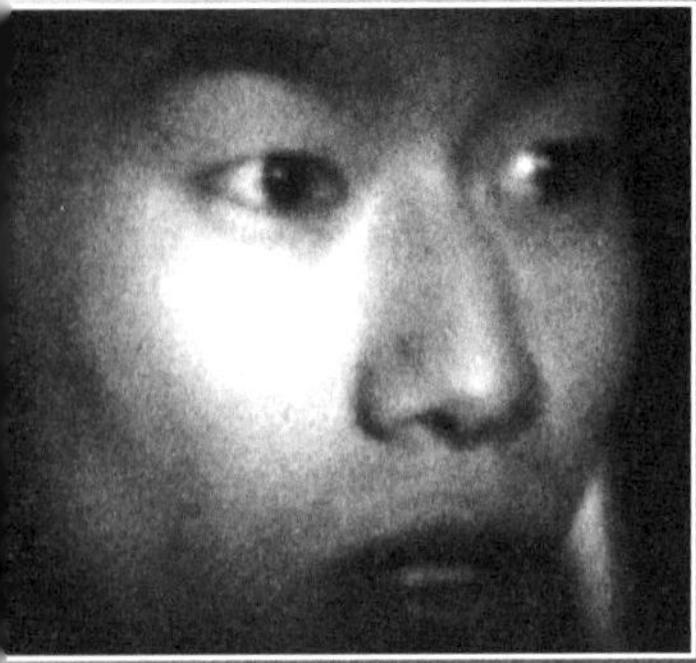

２体の宇宙人が目を光らせながら、
ものすごい速さで学生たちの車に接近。

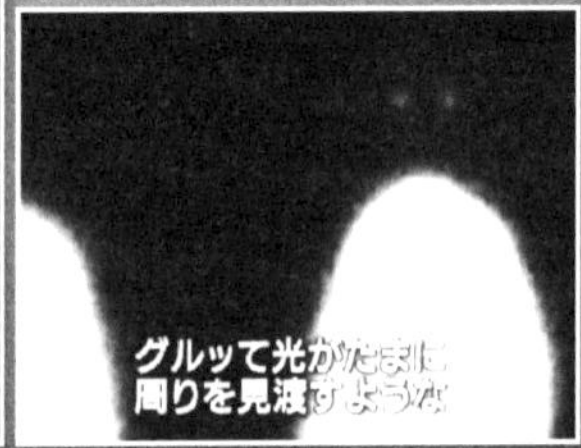
グルッて光がたまに
周りを見渡すような

目はこういう風に…

証言者①　それで、目はこういうふうに（両目がグルグルと大きく回るしぐさをする）……。

証言者②　グルッと光が、たまに周りを見渡《みわた》すような感じ。

（男性：何？　あれ。何？　あれ。

男性２：何？　何？　何？　来てる、来てる……。

男性：うあああぁ……。ヤバイ、ヤバイ、ヤバイ、ヤバイ。

女性：（車を）出したほうがいいんじゃない。

男性：早く出そう。早く、早く。）

パニックになった学生たちは車を急発進させ、必死でその場から逃げていった。

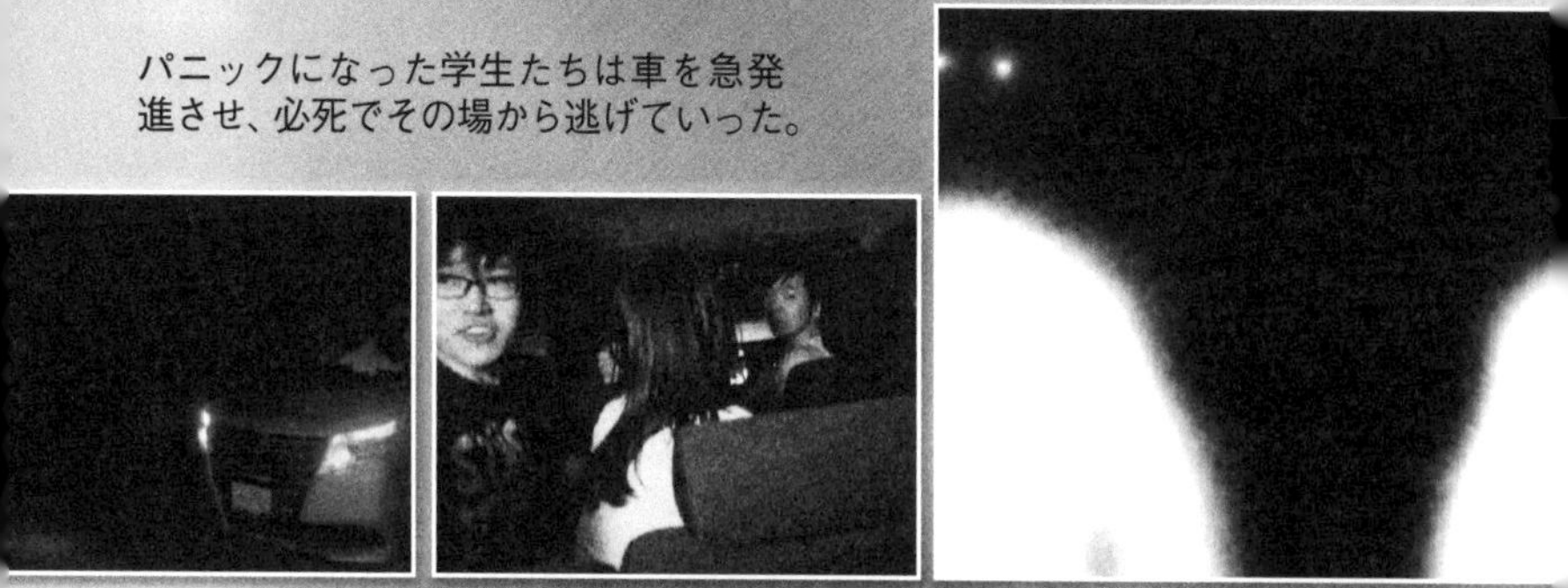

証言者④　けっこう遠くのほうだったのが、かなり近くに来ているような感じだったので、そうとうなスピードだったと思いますね。

証言者①　十秒か二十秒ぐらいの間に、もう、二、三百メートル手前まで来て……。

証言者④　「ヤバイんじゃないか」みたいな感じになって、逃げたんですよね。

（再現ドラマの上映が終わる）

目撃者《もくげき》の記憶《きおく》にある「三つの共通点」

大川隆法　どうして逃げるんだろうね。抱《だ》きついて離《はな》さないで、押《お》さえ込《こ》んでおけばいいのにねえ（笑）（会場笑）。

天雲　（笑）はい。衝撃《しょうげき》的な再現映像でしたけれども、本日は、「実際にＵＦＯと宇宙人を目撃した」という沼口祈さんと永遠さんに、お話をお伺《うかが》いできればと思っています。

里村　はい。目撃者が六人ぐらいいて、やはり記憶《きおく》の部分なので、細部は少し違《ちが》うところもあるのですけれども、大きく共通している点が三つあります。まず一つ目は、「北東の空に三十機ほどのＵＦＯがいた」と。

大川隆法　三十機？　へえー……。

里村　「ＵＦＯが非常にたくさんいた」という点です。

大川隆法　はい。

里村　それから、二つ目は、「巨大《きょだい》なドーム型の『ＵＦＯの母船《ぼせん》』らしきものが見えた。それが発光していた」という点です。これも共通しています。

大川隆法　うーん。

里村　そして、三つ目は、「そこ（ＵＦＯの母船らしきもの）から、二つ……、『二人』と言うべきかも分かりませんが、光る生き物らしきものが出てきて、車のほう

目撃者の証言が一致した３つの共通点

(こちらが)恐怖心を抱くくらい
(UFOの)数が多くなってしまった

①北東の空に何十機ものＵＦＯが飛び交《か》う

光る物体がいきなり現れたんです

②巨大なドーム型をしたＵＦＯの母船が浮上

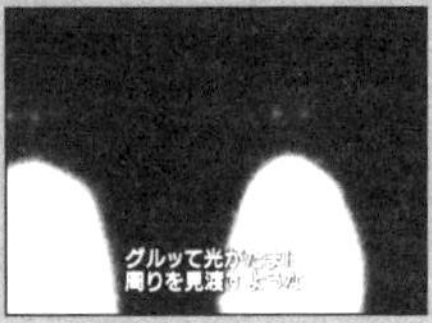

③ＵＦＯから降り立った２体の光る生命体

に近づいてきた」という点です。これらの部分に関しては、みな記憶が一致《いっち》しています。

大川隆法　うん、うーん。

里村　そういうところでございます。（沼口きょうだいに）そういうことで、よろしいですか。

沼口祈　はい。間違いありません。

「目撃者《もくげき》たちが逃《に》げた理由」と「未来産業学部の使命」

里村　実際、今、大川総裁から「なぜ逃《に》げたのだろう」というお話がありましたけれども……（笑）（会場笑）。

大川隆法　一人、二人を見捨てて、その人たちに、「抱きついていろ」と言って、みんなで人を呼びにいくとか、何か……（会場笑）。

里村　（笑）ええ。どうなんでしょう。そのへんは、もちろん、とっさの判断になりますが。

沼口祈　そうですね。ＨＳＵの評判に、あまりかかわらないように言いたいところなのですけれども、最終的には、「恐怖心でいっぱいになってしまって、もう逃げるしか道はない」と（会場笑）、本能的に感じた次第《しだい》です。

大川隆法　ああ、やっぱりね。

里村　ＵＦＯなどを見ていた最初のうちは、そんな感じでもなかったわけですね？

沼口祈　そうですね。初めは……。

里村　むしろ興味《きょうみ》、関心で……。

沼口祈　もう本当に興味本位で、不思議で、初めての体験だということで見ていました。

UFOの大群に恐怖を感じて車に逃げ込む大学生たち（再現ＶＴＲより）。

里村　はい。それから、グーッと恐怖心が高まってきて、結果的には「逃げた」と……。

沼口祈　逃げたということになります……。

里村　はい。分かります。

大川隆法　情報によっては、ＨＳＵの未来産業学部は〝宇宙人ネズミ捕《と》り器〟をつくらなければいけないので、〝おとり〟として少しは人間に歩かせて、〝ネズミ捕り器〟を仕掛《しか》けないといけないかもしれません（会場笑）。そうしたものを開発しなくてはいけませんね（笑）。

里村　（笑）では、もう一度、現地に行っていただいて……。

宇宙人らしき存在に追われてパニックに陥った大学生たち。弾かれたように車をバックさせて急発進し、現場から逃れた（再現ＶＴＲより）。

沼口祈　（笑）

目撃者《もくげき》に映画「フォース・カインド」のような現象が起きていた!?

里村　再現シーンは、ここまでだったのですけれども、実は「後日談がある」ということで。

大川隆法　ああ、そうですか。

沼口祈　はい。私《わたくし》は、そのとき、埼玉《さいたま》の実家に住んでいたのですけれども、その千葉正心館の合宿（学生局主催の夏期研修）が終わって、次の日から、自宅で夜寝《ね》ていますと、「三時四十二分」に決まって、目がパッチリと開《あ》きまして、それが半年ほど……。

もう本当に、毎晩目が覚めて、「今、何時だろう」と携帯《けいたい》を見ると、三時四十二分で、それが……。

斎藤　「深夜の」ですね？

沼口祈　「深夜の三時四十二分」です。

大川隆法　「THE《ザ》 4TH《フォース》 KIND《カインド》（フォース・カインド）」（映画・二〇〇九年公開）みたいですね。

沼口祈　そうですね。そういったことが半年続いたことがありました。

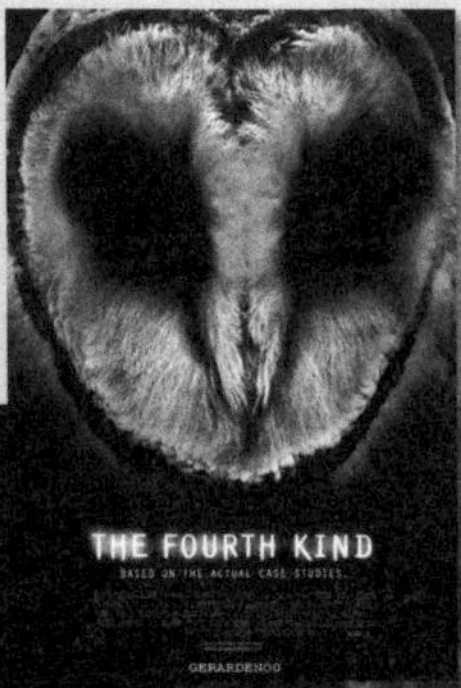

映画「THE 4TH KIND」
（2009 年公開／ユニバーサル・ピクチャーズ／ワーナー・ブラザーズ）
アラスカ州の小さな町で不眠症を訴える患者たちが、共通して、午前３時ごろに大きな白いフクロウの夢を見ていることが判明。退行催眠をかけると、宇宙人らしき存在が接触していたことが明らかになる。

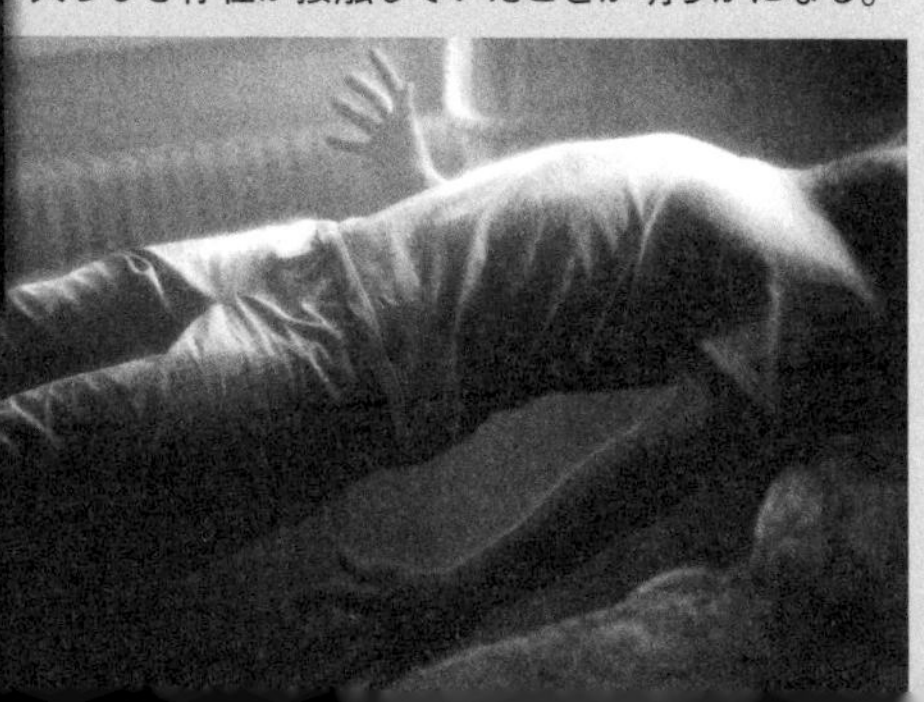

〝宇宙人語〟とはどのようなものだったのか

里村　さらに、深夜に起きたりしたときに、お母様が寝言《ねごと》を聞かれたと。

沼口祈　はい。私が、実際に、「深夜に寝言を言った」、あるいは、「〝宇宙人語〟らしき言葉を発した」というように言っていたのですけれども……。

大川隆法　（笑）

里村　お母様が？

沼口祈　ええ、そうです。母が初めに、朝、聞いたんですね。

斎藤　朝？

沼口永遠　はい、朝です。弟は一階に部屋があって、私は二階に部屋があるのですけれども、朝起きて、降りていったら、母が「祈が何かしゃべっている」と……（笑）。

大川隆法　（沼口祈に）お母さんと一緒《いっしょ》に寝ているのですか？（会場笑）

沼口永遠　（笑）違います。

沼口祈　（笑）別の部屋です。

大川隆法　違うんですね。

沼口永遠　はい。母は、もう家事をしていて、「何か、祈がしゃべっている」ということで……。

大川隆法　ああ、なるほど。

沼口永遠　それで、私も……。

斎藤　異変に気づいたわけですね？

沼口永遠　母が、「祈が何かしゃべっているんだけど……」と笑っていたので、私も「どんなものかな」と思って見にいったら、大川総裁が宇宙人リーディング等をされたときに話されるような、不思議な言葉をずっとしゃべっていて、「ああ、これは、もう宇宙人になってしまったのかな」と思いました（会場笑）。

大川隆法　（笑）

斎藤　では、伝聞《でんぶん》ではなくて、直接聞いたんですよね。

沼口永遠　はい、聞きました。

大川隆法　では、もう（宇宙人が）入っているかもしれないわけですね？（会場笑）

里村　ああ、日本語ではない、いわゆる「異言《いげん》」というか、そういう言語で？

沼口永遠　ちょうど弟がしゃべっているのを見る本当に直前に、宇宙人系のお話がたくさん出ていて（二〇一〇年十二月二十八日の法話「宇宙人探索《たんさく》リーディング」／『地球を守る「宇宙連合」とは何か』〔幸福の科学出版刊〕参照）、「ああ、そういえば、そのなかで聞いたのと、まったく同じような言葉をしゃべっているなあ」と思って……。

大川隆法　うーん、うんうん。

里村　なるほど。

「宇宙人リーディング」のなかで垣間見られる宇宙語

数多く行われている「宇宙人リーディング」では、基本的に、宇宙人の意識を読み取り、脳の言語中枢を介して地球の言葉に翻訳されているが、宇宙人の言葉がストレートに出てくる場合は、音写してそのまま書籍に収録（下写真）。宇宙語の一端を垣間見ることができる貴重な事例といえる。

◀ウンモ星人の言語を収録

『宇宙人との対話』（幸福の科学出版）

ベガ星人の言語を収録▶

『地球を守る「宇宙連合」とは何か』（幸福の科学出版）

ペットの犬は「異変」に気づいていた!?

里村　それから、その夜中の三時四十二分に、何か、お家のなかで飼われているペットの犬が反応したと……。

沼口祈　そうですね。自宅のなかで飼っている犬がいるのですけれども、何か私がうなされていたり、異変があったりしたときに、私の部屋の扉《とびら》をカリカリカリカリと引っ掻《か》く癖《くせ》がありまして。

それで、私が「三時四十二分に毎晩、目が覚めるんだ」と家族に話したときに、家族も「そういえば、うちの犬も、毎晩、その時間帯に、おまえの部屋の扉を引っ掻いているから、『何かがあるのかな』と不安に思っていたんだよ」ということは話していました。

里村　なるほど。犬のほうが何かを感じていたかもしれないということですね？

沼口祈　そうですね。

里村　はい。分かりました。以上、そういうことが後日談としてありました。

天雲　ありがとうございます。

幸福の科学に対して宇宙人が何かを〝PR〟している可能性もある

大川隆法　まあ、よくある話ですよ。今朝、出てくる前に、私も秘書に聞いたのですが、その方のところにも、よく宇宙人が〝おいで〟になるということです。以前、ここで宇宙人リーディングを行って、撃退祈願《きがん》もかけたところ、「その宇宙人は来なくなったものの、別なものが来始めた」などと言っていましたので（笑）、そういうこともあるわけです。

天雲　（笑）

大川隆法　夢ではなくて、「目が覚めても、胸の上に乗っている」というようなことがあるので、このあたり、もう幽霊《ゆうれい》と宇宙人の境目《さかいめ》が分かりにくくなってきてはいます。

里村　ああ、なるほど。

大川隆法　「次は、カメラでも備《そな》え付けておかなくてはいけないかな」などと言っているのですが、今、やや当会の向かっている方向に、そうした「研究対象」があるので、何か〝ＰＲ〟している可能性もあるのです。

里村　はい。

霊査《れいさ》の前に「ＵＦＯ目撃《もくげき》」の日時と場所を再確認する

里村　では、天雲さん、画像のほうを……。

大川隆法　調べに入りますか？

天雲　はい。それでは、いったん、ＵＦＯの目撃《もくげき》現場について、少し整理をさせていただきたいと思います。

では、モニター画面に地図が映りますので、ご覧ください。

（モニターに目撃現場の航空写真が表示される）

大川隆法　なるほど。

天雲　まず、お二人がＵＦＯに遭遇した日時ですが、これは二〇一〇年、今から五年前の八月二十五日、夜九時から十時ごろです。

大川隆法　うーん。

天雲　場所ですが、千葉県の長生村にある千葉正心館が、写真（②）の黄色で塗《ぬ》られているところ（Ⓐ部分）ですね。

大川隆法　うん、うーん。

現地上空写真で状況を説明（次ページに拡大図）。

天雲　その付近の海岸の赤い印のところ（B）が目撃現場となっています。

里村　はい。

大川隆法　はい。

天雲　そして、その北東の方向にある点線の丸枠《わく》（C）ですね。そのあたりが、UFOらしきものが出現した場所です。

大川隆法　うーん。なるほど。

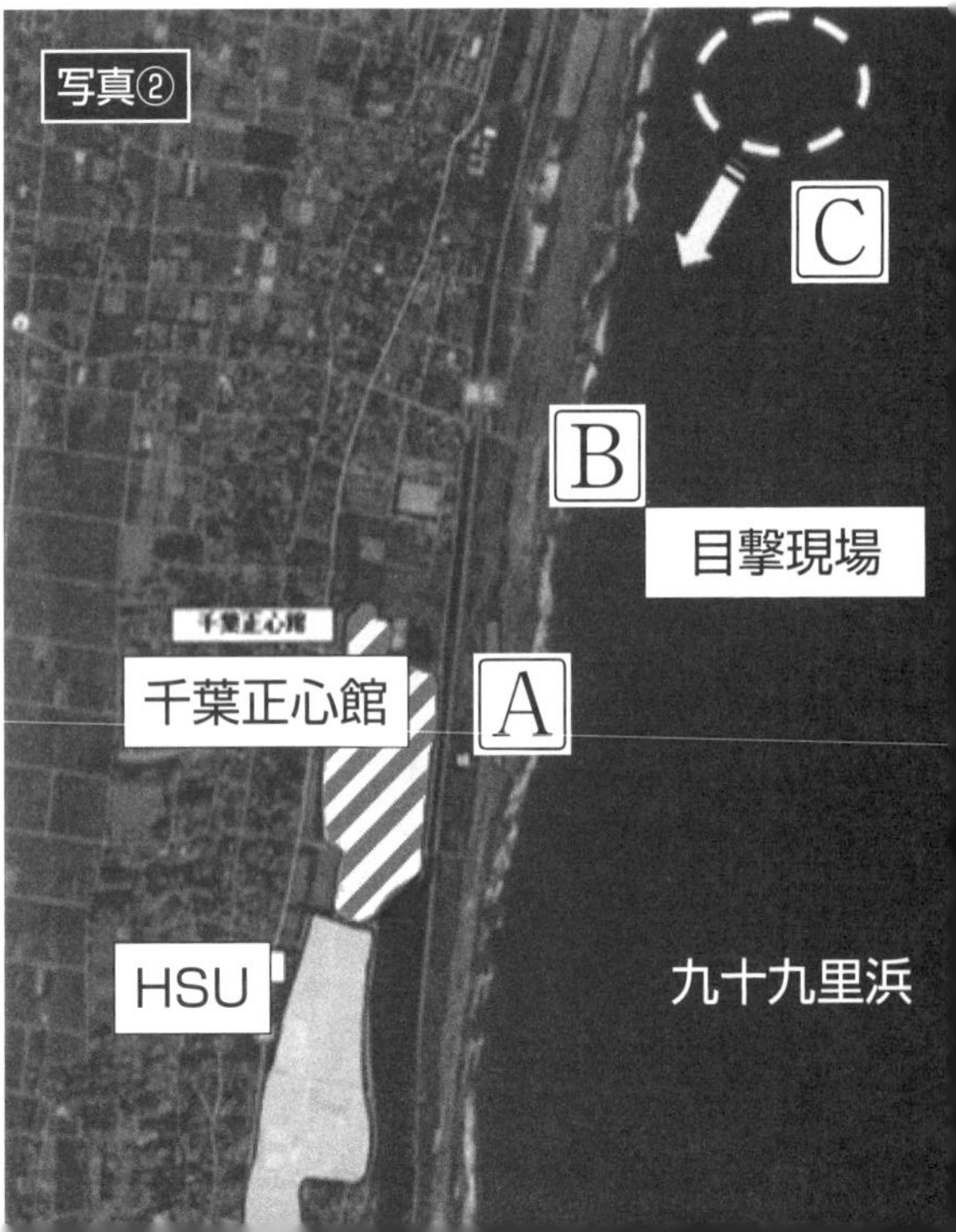

天雲　この場所に何が現れたのか、たいへん興味があるところですので、ここをまず、お願いしたいと思います。

大川隆法　なるほど。

この目撃《もくげき》事件は「誤解」か、それとも「事実」か

大川隆法　これから、千葉正心館やＨＳＵの屋上に、二十四時間、監視《かんし》カメラでも取り付けなくてはいけないかもしれませんね（笑）。

里村　あ、カメラを……（笑）。

大川隆法　これから、やたらと（ＵＦＯや宇宙人が）やって来るのではないですか？　開学式あたりから、そろそろ。

里村　はい。

大川隆法　これは、気をつけないと。証拠《しょうこ》が必要ですね。このあたりの場所は私も分かりますが、夜はおそらく真《ま》っ暗《くら》でしょう。

里村　はい。ほとんど真っ暗です。（沼口きょうだいに）そうですよね？

沼口祈　はい。真っ暗です。

里村　お店とかそういうものもありませんし、暗いですね。

大川隆法　うん、ないですね。

沼口祈　ありませんでした。

沼口永遠　先ほど、「ドームのようなもの」というようには説明したのですけれども、はっきりとした形ではなくて、何となく光る感じから、「ドームのような形をしているのかな」ということが、やっと分かるぐらいです。

大川隆法　うーん。分かりました。いちおう、まったくの勘違い《かんちが》い、見間違い、あるいは、錯覚《さっかく》、集団幻覚《げんかく》のようなものであった場合は、番組側で、あなた（里村）のお詫《わ》びシーンを流さなくてはいけないでしょう（会場笑）。

里村　はい。

大川隆法　そうなることもありえるのですが、いちおう私としては、まず価値判断を抜《ぬ》きにして、事実探究から入りたいと思います。

そうした、まったくの誤解か妄想《もうそう》、錯覚の場合もあれば、あるいは、それらしき別の飛行物体が何か紛《まぎ》れ込んでいた場合もあるでしょう。例えば、深夜にヘリコプターの訓練をやっていたとか、自衛隊が上陸訓練をやっていたとか、そのような場合もあるかもしれません。

また、もう一つ考えられることとして、私が来る前日の晩であれば、よく出る可能性はあるのですが、本当に、そうした宇宙人による〝歓迎式典《かんげいしきてん》〟が行われていた場合です（笑）。つまり、将来、何らかの協力ができるかどうかを調査に来ていたということですね。

ただ、それにしては、やや「怖い」という話もあるので、それは分かりかねるところもあります。だいたい、そのあたりでしょうか。

三人の支援霊《しえんれい》と共に「ＵＦＯ遭遇《そうぐう》事件」の真偽《しんぎ》を霊査《れいさ》する

大川隆法　それでは、今日は、技術的には、「タイムスリップ・リーディング」と、おそらく、「リモート・ビューイング（遠隔透視《えんかくとうし》）」、それから、「マインド・リーディング（読心《とくしん》）」、あるいは、もし異星人と話ができるなら、「ミューチュアル・カンバセーション（相互《そうご》会話）」、このあたりを組み合わせて調べてみようかとは思っています。

今日は、「エドガー・ケイシー」

今回のリーディングで使用された4つの霊能力

①タイムスリップ・リーディング

対象に向けて、時間・空間の座標軸を合わせ、過去や未来の状況を透視するリーディング。いわゆる六大神通力《ろくだいじんつうりき》の「神足通《じんそくつう》（幽体離脱能力）」と「天眼通《てんげんつう》（霊視能力）」をミックスさせた、時空間を超えた霊能力。

②リモート・ビューイング（遠隔透視）

特定の場所に霊体の一部を飛ばし、その場の状況を見てくる能力。

③マインド・リーディング

遠隔地にいる人も含め、他人の考えていること、その心を読んでいく能力。六大神通力の一つである「他心通《たしんつう》（読心《とくしん》能力）」。

④ミューチュアル・カンバセーション（相互会話）

他者の「思い」を読み取り、代弁することで会話する能力。

と「アインシュタイン博士」、それから、「リエント・アール・クラウド」の三人が支援《しえん》霊《れい》で入ってくれることになっていますので、このあたりの力も借りながら、相手のレベルに合わせて、視《み》てみたいと思います。

里村さんが、あっさり、「ごめんなさい」と言うことにならなければよいと思いますが。

里村　はい（苦笑）。

大川隆法　私としては、やはり、「事実かどうか」のほうが大事ではありますので、そ

今回のリーディングを支援した高級霊

エドガー・ケイシー

（1877～1945）

アメリカの予言者。心霊診断家。転生輪廻、病気の治療法、人生相談等について、膨大なリーディング（霊査）を行った。幸福の科学支援霊の一人。

アルベルト・アインシュタイン

（1879～1955）

ドイツの理論物理学者。光電効果の解明でノーベル物理学賞を受賞。相対性理論の提唱者として、「20世紀最大の物理学者」「原子力の父」といわれる。

リエント・アール・クラウド

（約7000年前）

古代インカの王。地球神エル・カンターレの魂の分身の一人であり、天上界において、他惑星との交流に関して責任を負っている。

うした商売気は抜きにして、どうであったのかを調べてみます。（対象者の二人を指して）こちらの記憶も見ながら場所と時間を合わせて、何が視えてくるか、タイムスリップ・リーディングから入っていきたいと思います。

それで、よろしいですか？

里村　はい。

大川隆法　場合によっては、途中《とちゅう》で質問するかもしれませんけれども。

里村　はい、よろしくお願いいたします。

大川隆法　はい。分かりました。

（合掌《がっしょう》・瞑目《めいもく》する）

二〇一〇年八月二十五日、千葉県、九十九里浜の長生村で、夜九時から十時ぐらいですか？

里村　はい、九時から十時ですね。

大川隆法　時間的にはそういうところで、長生村で起きたことを、（瞑目のまま、合掌していた手を顔の前でゆっくりと叩《たた》き始める）再現して視てみたいと思います（手を叩くリズムをしだいに速くしながら、約二十秒間、手を叩き続ける）。

（瞑目のまま、手を胸の前で組み、約十秒間の沈黙《ちんもく》）

瞑目して手を組み、いよいよリーディングを開始する。

2 リーディングで次々と明かされる衝撃《しょうげき》の事実

海のなかから浮上《ふじょう》してきた黒くて丸い隆起物《りゅうきぶつ》

大川隆法　うーん……。何人かの学生が、浜辺《はまべ》で海のほうを見ていますね。最初は、白い点が一つ視《み》えています。これが何だかは分かりません。それから……、うーん……。このときは、まだ彼らの意識にはないですね。星だか、船だか、飛行機だか、ちょっと分かりません。

（約十秒間の沈黙《ちんもく》）

光ではないのですが、海と空が交《まじ》わっているほうを視ると、何だかクジラの頭のようなものが視えます。こちらは、先ほど言っていたような白光りではなく、黒い感じのものが盛り上がってくるように視えていますね。

うーん……、彼ら学生たちには、まだ、これは見えていないと思います。

（約十秒間の沈黙）

うーん……。今、私は上空から視ているのですが、学生たちがいる上のほうの……、どのくらいでしょう、学生たちの十五メートルぐらい上空でホバリングしながら、海の方角《ほうがく》を視ているのですが……。

うーん……（右手を上げて、上から下へ動かしたあと、ある方向を示すように右手を右上に上げる）。

方向は、一定の方向ですね。一定の方向を意識しています（上げている右手をゆっくりと小さく左右に振《ふ》る）。

（約五秒間の沈黙）

これは、彼らの目には見えていないのですが、何か、ものすごく大きなものがいますね。うーん……、うーん……。

そうですね……。先ほど、最後に、「光のドームのようなものが出てきた」ということを言っていましたが、その前に、マッコウクジラの頭のような、大きくて丸い隆起物《りゅうきぶつ》のようなものが、海からせり上がって出てきているのが、私には視えます。

ただ、真《ま》っ暗闇《くらやみ》ですから、学生たちの目には、それは見えていないはずです（上げている右手を一回左右に振る）。

（約十秒間の沈黙）

これは、おそらく、海のなかから浮上《ふじょう》してきたのだと思いますね。潜水艦《せんすいかん》とは明らかに違《ちが》うと思います。潜水艦は細長《ほそなが》いですから、こんなことはないでしょう。頭がすごく大きくて丸い感じに視えます。（右手で大きな弧《こ》を描きながら）こういうものですね。

この後ろ側がはっきりとは視えないのですが、とにかく前のほうは、確かに球体に近いようなものが浮《う》かび上がってきた感じの……、あえて言えば、クジラの頭をすごく大きくして丸くしたような感じのものが、まだ黒い状態で海面に出ています。

それで、なぜ出てきたのかというと……。

すでにＵＦＯが飛び立っているようではありますね。すでに空に放っているＵＦＯの回収のために、出てきているのだと思います。

要するに、空母に着艦《ちゃっかん》するように、ＵＦＯたちを回収しなければいけないために、海面に浮上しているのでしょうね。このときは夜ですし、色は黒っぽいグレーに近い色なので、まず見つかる心配はない色だと思います。

空には何十機かのＵＦＯが飛んでいます。かなりの数が飛んでいます。「これらを回収しなければいけない」という動きをしていますね。

なぜかというと……。ああ、そうか。学生の彼らが、その海岸に見に来ているから、「まずい」ということのようです。

普通《ふつう》、この時間帯は、人にはそんなに見られないのです。海水浴に来ている人もいないし、旅館などもあるようなところではないので。そのときは、「こういう人たちが来て、見ている」ということが認識されたようです。

里村　はい。

大川隆法　そのため、どうやら、ＵＦＯを回収しようとしているようですね。

〈目撃者の記憶に基づく想像図〉

〈リーディング結果〉

マッコウクジラの頭のような光が海面から隆起。そのとき、上空には数多くの UFO が飛んでいた。

このあたりの海では、まだいくらでも自由に飛べるので、いろいろ飛んでいたものを戻《もど》そうとしているところです。

宇宙船から出てきた存在の姿を描写《びょうしゃ》する

大川隆法　先ほど、「扉《とびら》のようなものが開《あ》いて、水上を歩いてくるように近づいてきた」と言っていたけれども、これは確かに、彼らに恐怖心《きょうふしん》を起こさせて追い払《はら》うのが目的で来ているようですね。

斎藤　ああ……。

大川隆法　「これを写真に撮《と》られたり、映像に撮られたりするとまずい」ということで、彼らを追い払うために二人ほど送り込《こ》まれたようです。

その実体は何かと言うと……（右手をかざし、不規則に上下左右に動かす）。

（約三十秒間の沈黙）

うーん。これは、宇宙人そのものではなくて、おそらく、「アンドロイドの一種」だと思います。自分たちが直接出ていったときに捕獲《ほかく》されたりしないための、調査用のアンドロイドのようなものでしょう。

それは、今回のように、人を驚《おど》かして帰したり、場合によっては、さらってくることもできるアンドロイドですね。

今、視えている形は、グレイ型とは少し違うように思われます。ちょっと違うタイプのものに視えますので、どちらかというと、うーん……、ヤリイカが立っているような姿に近い感じですね。ヤリイカといいますか、上のほうが三角で長く反《そ》っている感じで、周りにヒラヒラのようなものが少しあります。

確かに、大きな目玉に見えるようなものが二つ付いていて、イカの目のようですけれども、これが光るわけですね。

さらに、下には足があって、学生のみなさんには二本足に見えたのかもしれませんが、実際は二本足ではなく、もう少し数があります。ただ、向こうから移動してくるのを見て、「たぶん二本足だ」と思ったのだろうと推定します。塊《かたまり》のように思えますが、実際の足は何本かありますね。

ですから、ヤリイカのような形をしていて、確かに、大きな目に当たるようなものがあって……、これは、おそらくレンズでしょう。レンズでモニタリングされています。宇宙船のなかから外の景色が見えるようになっている、遠隔透視《えんかくとうし》の赤外線レンズのようなものだと思われますが、こうしたものが付いています。

下は、人間のように足が二本付いていると学生のみなさんは思っていたのでしょうが、実は、そこの部分は、少し胴体《どうたい》部分もあるけれども、二本足ではなくて、何本かの足で立っています。

H・G・ウェルズの火星人のような感じで立っているかたちですね。

ただ、それが猛《もう》速度で移動してくるので、走ってきているように見える可能性はあります。この感じだと、確かに、水上を歩いてくるように見えるかもしれません。高さはどのくらいあるでしょうか……。

（約五秒間の沈黙）

うーん……。少し距離《きょり》感があるので、はっきりとしたサイズは分からないのですが、頭の上の尖《とが》っているところが、少し反っているので、ここまで入れると、多少大きくなるのかもしれません。

斎藤　なるほど。

大川隆法　そこまで入れると二・三メートルぐらいあるのですが、たぶん、実際に

〈リーディング結果〉

全長 2.3 mのヤリイカのようなものが、H・G・ウェルズの火星人のように立ち、猛速度で接近。上部が三角に反っており、周りにヒラヒラしたものが付いている。足の数は多く、二つの大きな目が赤く光っている。

H・G・ウェルズの火星人イメージ

見た感じでは、そんなに長さがあるようには見えないだろうと思われますね。人間様《よう》の大きさぐらいに見えているのではないでしょうか。

確かに、走ってくると、その二つの赤い目が揺《ゆ》れるので、人魂《ひとだま》みたいに揺れて見えるかもしれません。

学生たちが遭遇《そうぐう》した二体のアンドロイドの役割とは

大川隆法　でも、これは、いちおう警告・威嚇《いかく》用のアンドロイドです。彼らは「怖《こわ》く感じた」と言っていましたが、それは視覚効果によってだけではなく、「怖く感じさせる」という、テレパシー的な念波《ねんぱ》のようなものも、向こうから出ていたためです。「おまえら、怖がって早く逃《に》げろ」と言っているような、撃退《げきたい》念波でしょうか。

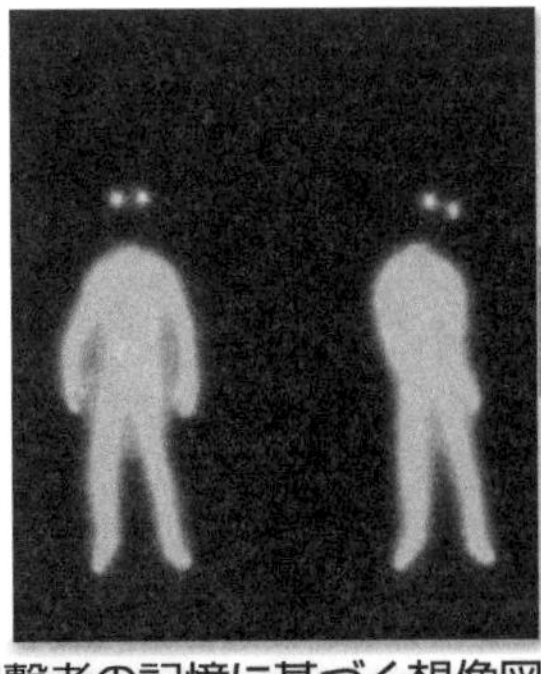

〈目撃者の記憶に基づく想像図〉

斎藤　うーん、なるほど。

大川隆法　もし機材を持っていたらいけませんからね。写真とかビデオとか、いろいろなもので撮られるといけないので、そんなことができないよう、そういうことも考えつかない間に、「とりあえず、逃げなければいけない」という気持ちを起こさせるのが目的なのです。

　ですから、移動の速度はかなり速いと思います。おそらく、時速五十キロぐらいで移動してきているのではないですか。

斎藤　そうですか。

時速約 50 キロで学生たちに接近してきたイカ型アンドロイド。
実は、撃退念波を出して学生たちを威嚇・警告していた！

ちょうど目のあたりが
赤く光っているんですね
首から下が蛍光灯のように
真白く光っていて

大川隆法　おそらく、そのくらいの速度で、ダーッと二つが来ていますね。

確かに、近くまで来たと思います。それで、恐怖心を抱《いだ》いて逃げ出したんだとは思うのですが、もし、出会っていたらどうなっていたかというと……。やはり、男女一組ぐらいがサンプルとして連れて行かれた可能性はあると思います。

それは判断次第《しだい》でしたけどもね。リーダーの方が「逃げよう」と言ったのが、わりと早かったからかもしれません。

斎藤　はい。

大川隆法　速度計算をすれば、もう少し遅《おそ》かったら、二人ぐらいは捕獲《ほかく》されていた可能性はあると思います。そうなっていたら、その人たちは翌日ぐらいに、フラッと歩いていたりするような感じで出てきたのでしょう。

　いちおう、今までのグレイ系とは違うものだと思われます。そういうかたちを取っている理由は、イメージのなかに残ったときに、別の生物を見たように思わせるためですね。

　ですから、見かけたほうは、そのままの姿を頭にイメージして変形してい

世界各地で報告されている アブダクション体験

宇宙人によるアブダクション体験は世界各地で数多く報告されている。有名なのは、1961 年に起きたアメリカのヒル夫妻（右写真）の事件である。

バーニー・ヒル氏は妻と共に車で移動中、上空に細長い UFO を目撃。猛烈な睡魔に襲われ、2 時間後、数十キロ離れた場所にいることに気づく。空白の時間を退行催眠で調べたところ、グレイらしき宇宙人に人体実験をされていたことが判明。

夫妻の体験は有名になり、テレビ映画化もされた（左写真）。
（『宇宙誘拐 ヒル夫妻の〝中断された旅〟』参照）

くので、「イカとかそんなものだったのかな」と思うでしょうし、海のなかから浮かんできたものも、先ほど述べたように、私にはマッコウクジラの頭でも出てきたように視えましたから、「自然界にある生き物か何かと勘違《かんちが》いしてイメージが残るように」というようなことを、いちおう考えてはいるのだろうと思います。

今回の「宇宙人遭遇《そうぐう》事件」の場所はＵＦＯ多発地帯

大川隆法　それから、ＵＦＯと出会ったあたりですね。

里村　はい。

大川隆法　「発光して白く見えた」ということですが、これも、警告の追い打ちなんですね。「追い打ち警告」をかけているわけで、「われわれは、まだ、ほかにも控《ひか》えているぞ」ということで追い打ちをかけて、早く追い払おうとしたということです。

そして、精舎《しょうじゃ》へ逃げて帰ったら、おそらく研修の責任者は、「ヘリコプターでも見たんでしょう。早く寝《ね》なさい」と言ったのではないかと思います。「夜中に、そんなことをゴソゴソとするのはいけない」ということで叱《しか》られたのでしょうが、宇宙人としては、そういうふうになるようにしたかったのだろうとは思います。

このあたりは、ＵＦＯ多発地帯ではあるのでしょう。ここで、けっこう訓練しているのではないでしょうか。

また、ここで飛んでいても、ヘリコプター等と見間違えられる可能性が非常に高いですし、夜間訓練とか上陸訓練などをしているものと間違われやすいので、そういう意味では、扱《あつか》いやすいところなのかなと思います。

里村　はい。

クジラのように海から浮上《ふじょう》してきたものの正体とは

大川隆法　では、その母船のほうに入っていきたいと思います（顔の前で両手の指先を合わせて三角形をつくる）。

（約二十秒間の沈黙）

距離感があるために、学生たちは「東京ドームぐらいあった」と思っているようですけれども、うーん……。

（約五秒間の沈黙）

うーん……、ちょっと……（両手の掌《てのひら》を外側に向け、横に動かす）。

（約十秒間の沈黙）

実際の大きさは、直径で……（右手で大きさを確認するような動きをする）。

（約五秒間の沈黙）

六十メートルぐらいあるでしょうか。うん、六十メートルぐらいですね。黒かったものは直径六十メートルぐらいあり、その上の部分が海上に出て、発光《はっこう》して見せたのだと思われます。ただ、実は、水面下にも沈《しず》んでいる部分、隠《かく》れている部分がありますね。

まあ、これは母船の一つでしょう。

「三十機ぐらいのＵＦＯが外を飛んでいた」と言っていましたが、格納能力《かくのう》としては、おそらく五十機ぐらいまで格納できる能力があると思われます。

これは、水中に潜《もぐ》ることも可能ですし、もちろん空中も飛べますが、この程度の大きさの母船であれば、まず本格的な「本母船」まではいかず、たいてい、月の裏側の中継基地《ちゅうけいきち》あたりから地球に来るための「中継母船」ですね。

斎藤　ああ……。

大川隆法　その程度の母船です。円盤《えんばん》を搭載《とうさい》して地球にやってきては、そのベースをどこかに決めて、そこから飛び立っていろいろと調査したり、ときどきは人をさらってきて調べたりもしています。そんな感じの基地の一つですね。

ですから、比較《ひかく》的見つかりにくいところがあります。こういうインビジブル・モード（不可視状態）も可能なようになっていますね。

里村　はい。

大川隆法　インビジブル・モードを使うと、映画「プレデター」（一九八七年公開）のようになるので、実際は透明ではないのですけれども、カメラの機能と同じで、背景にある景色を前のほうに映すことができ、透明に透《す》き通っ

すでに現実のものとなりつつある光学迷彩技術

アメリカのアクションSF映画「プレデター」（1987年公開／ 20世紀フォックス）。光学迷彩によって透明化することができる異星人との攻防を描く。（下写真丸囲み：インビジブル・モードの異星人）

最新科学において、光学迷彩技術は現実のものとなりつつある。特殊な反射材を塗布したマントに、背景を撮影した映像を投影して透けているように見せる技術や、擬態をする生物のタンパク質構造や性質に着目し、体表部の色素を変化させる仕組みの応用を試みるなど、さまざまな分野での開発が進められている。

て向こう側が見えているように見えます。実際は透明ではないのですが、反対側の景色を前に映せるという意味で、インビジブルですね。

例えば、海などでしたら、後ろの景色をそのまま前に映せば透明に見えます。そのようになっていますね。

このあたりの位置であれば、レーダー等でも捕《つか》まえられない場所です。位置的には、そういうところだと思います。

母船のなかにいる宇宙人の姿を描写《びょうしゃ》する

大川隆法　それから、母船のなかには……、先ほど述べたように、こちらに送ってきた二人はサイボーグ型のものだと思われますが……。

確かに、このなかには生活場、兵站《へいたん》部分、それから、ＵＦＯの修理等もできるようになっているところがあります。

そして、母船のなかにはですね……。

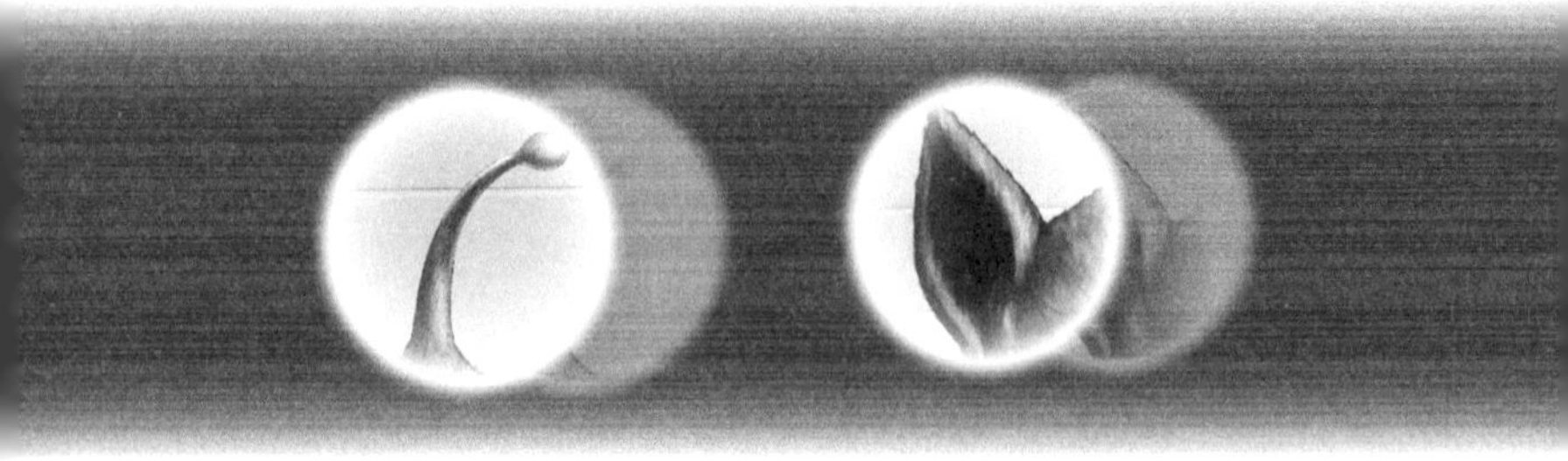

（約二十秒間の沈黙）

私に視える宇宙人は……、耳が少し尖《とが》っている感じがします。耳が少し尖っていて、トラ猫《ねこ》みたいな、ああいう猫の耳のようなものがちょっと視えています。

頭のてっぺんから、アンテナ部分のようなものが少し出ていて、丸いものが先のほうにくっ付いています。

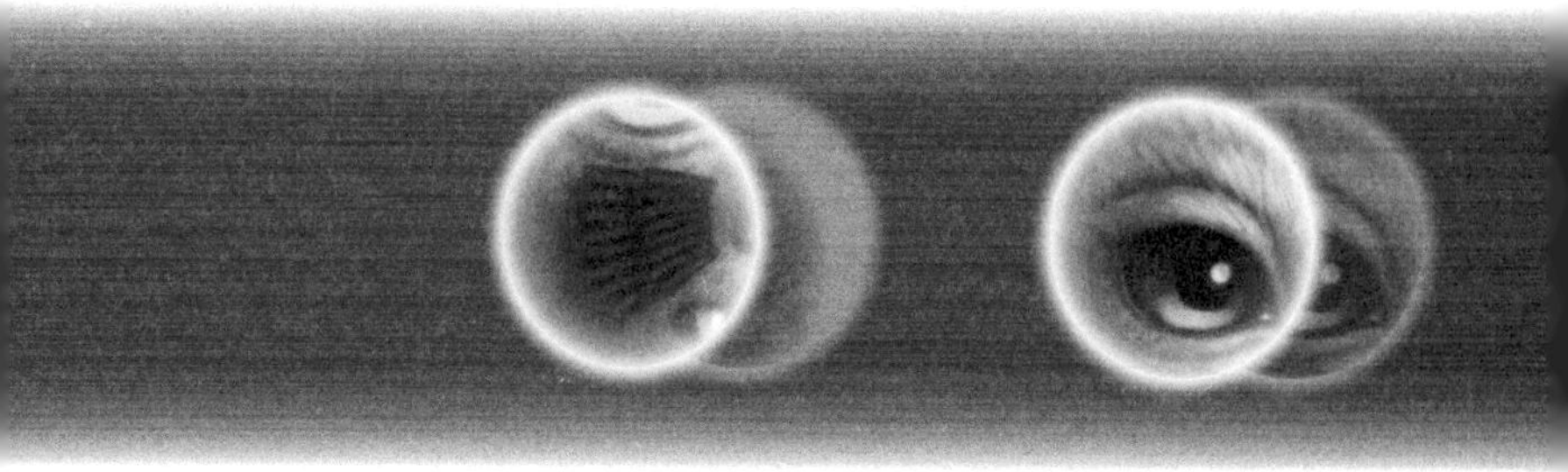

顔は、うーん……、目はありますね。目はあって、これはある程度大きいけれども、すごく大きいまぶたが付いています。

鼻の横にエラ風のものが入っているような感じがします。これは、「エラ呼吸」もできるようになっていると思われるので、おそらく、水中にも入れるのではないかと推定されますね。

斎藤　はい。

大川隆法　水中にも入れるのではないかと思います。
また、口は……、うーん……。口はやや大きめで、歯は生《は》えていますね。歯は生えていて、やはり、動物と同じような犬歯《けんし》が二本生えています。

いちおう、二足歩行ではあるけれども……、この宇宙人のスタイルのものを、ズバッとそのままは見たことがないかもしれません。
猫が二足歩行しているようなかたちで、大きさはどのくらいだろう？　うーん……、一メートル四十センチぐらいでしょうか。

里村　うーん。

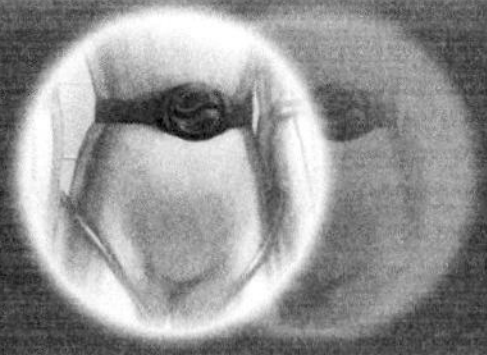

大川隆法　立って一メートル四十センチぐらいのものだと思いますね。

実際は、先ほどのサイボーグのほうが大きいから、やはり、そちらが防御《ぼうぎょ》・戦闘《せんとう》用でしょうか。または、警備用のものかもしれません。これを幾《いく》つか持っていると思いますが、自分たちを護《まも》るために使っているのでしょう。

やや猫型にも似ているけれども、エラのようなものもあるので、海中にも入れるのではないかと推定します。

また、うーん……、後ろには、やはり、かすかに尻尾様《しっぽよう》のものが視えますね。少しだけ残っているような感じがします。

もちろん、真《ま》っ裸《ぱだか》ではなくて、何かコスチューム的なも

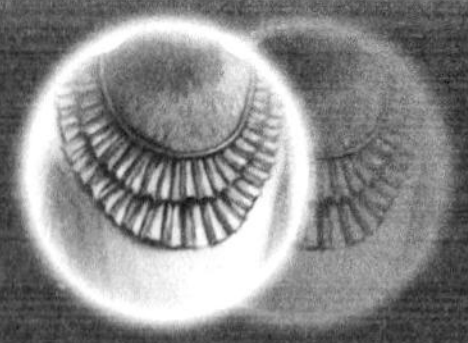

のを着ています。銀色に近いコスチュームで、前には少しちょっとヒラヒラしたものが付いていて、胴体の部分があって、（両手で太腿《ふともも》のあたりを示しながら）足のこのあたりまで、コスチューム的なものはありますね。また、首のところが少し開いています。

体は、全体的にうっすらとした毛に覆《おお》われているように視えますね。

UFO母船にいた宇宙人のリーディング結果

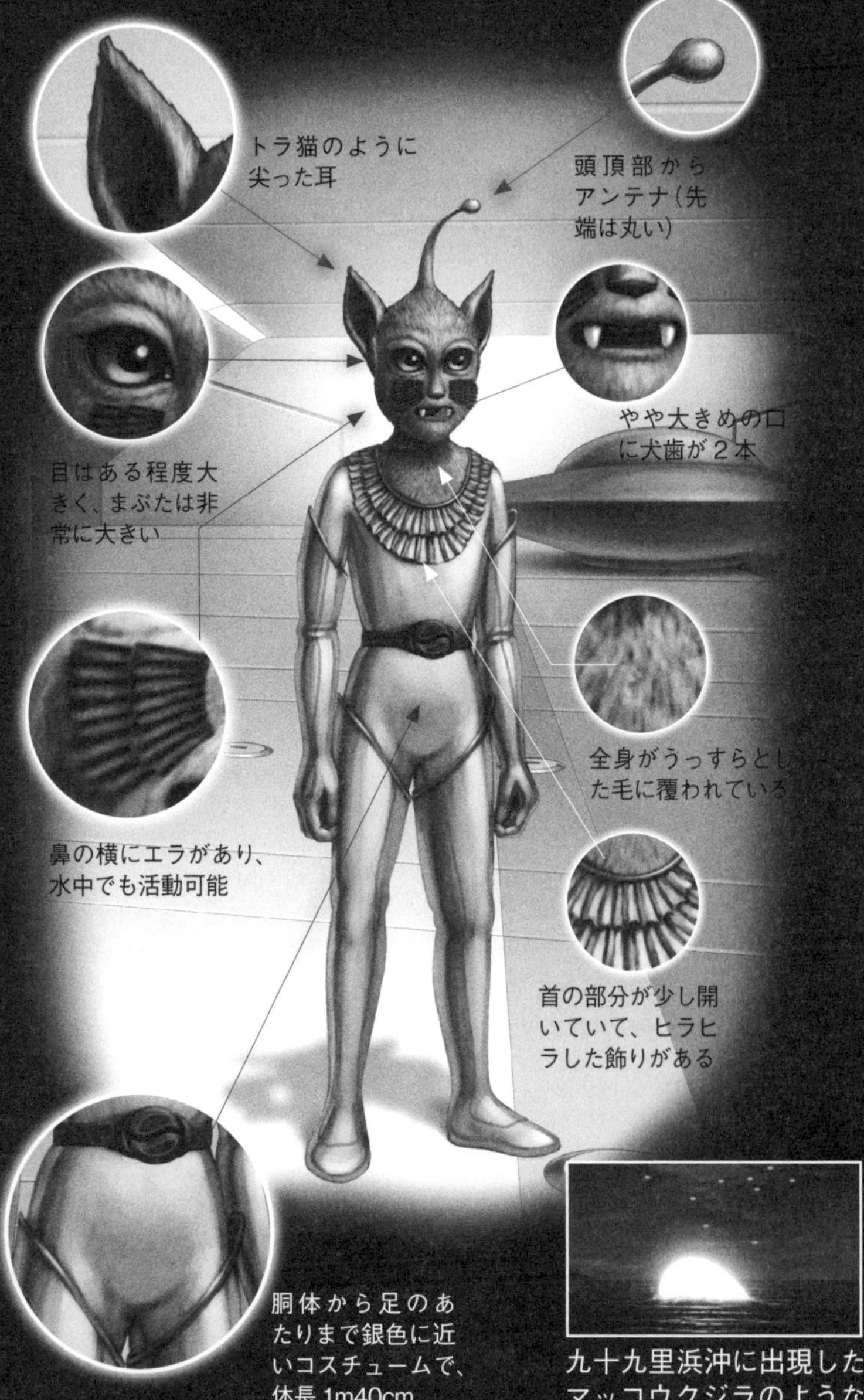
トラ猫のように尖った耳
頭頂部からアンテナ(先端は丸い)
やや大きめの口に犬歯が２本
目はある程度大きく、まぶたは非常に大きい
全身がうっすらとした毛に覆われている
鼻の横にエラがあり、水中でも活動可能
首の部分が少し開いていて、ヒラヒラした飾りがある
胴体から足のあたりまで銀色に近いコスチュームで、体長 1m40cm

九十九里浜沖に出現したマッコウクジラのようなUFO母船に乗っていた

右手の人差し指を立て、さらに宇宙人の来訪目的を調べる。

〝猫型《ねこがた》宇宙人〟が地球に来訪した目的は何か

大川隆法　（人差し指を立てて右手を上げながら）それで、あなたがたはどこから来たの？　あなたがたはどこから来ているのですか。あなたがたは、どこから来ているの？

（約十秒間の沈黙）

うん？

（約五秒間の沈黙）

何か、「蟹座《かにざ》」と言っているように聞こえるのですが……。

里村　蟹座？

大川隆法　うーん。蟹座から来たものは、今までにいたでしょうか。「蟹座」と言っているような気がします。蟹座のような……。何をしに来たのですか。

（約二十秒間の沈黙）

うーん、いちおう、うんうん……。

（約五秒間の沈黙）

今、天文学分野で注目を集めている蟹座

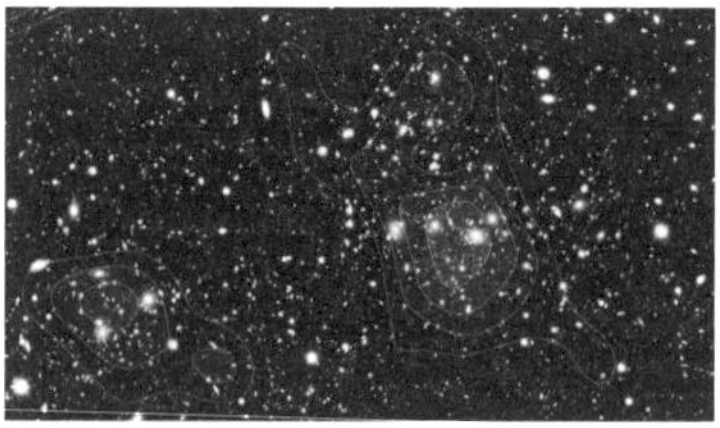

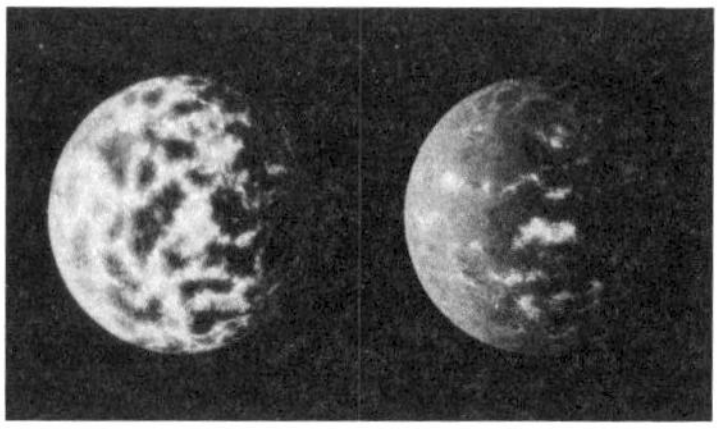

▶ 2015年7月、国立天文台・東京大学等のチームは、蟹座周辺に太陽の100兆倍以上の質量を持つ暗黒物質の密集場所が9つ存在することを発見（左上）。

▶ 2015年5月、ケンブリッジ大学の学者が、蟹座55番星eに火山活動の可能性があると指摘（右上想像図）。これが事実なら、太陽系外惑星としては初めての発見となる。この星の主成分はダイヤモンドであると推測されている。

▶ 2012年、天文学者サム・クイン氏らは、プレセペ星団の恒星に木星型惑星を発見。これは星団内で発見された初の太陽系外惑星となる。

「今後、地球人と共生《きょうせい》するということ、一《いっ》緒《しょ》に住むというようなことが可能なのかどうかという、調査および実験部隊として来ている者だ」というようには言っています。

「一緒に住むようなことができるのかどうかという調査実験のために来ています。その意味で、確かに、ときどきは人間をアブダクションして、研究することもありますけれども、危害を加えたりはしていません。

そういう意味で、人間を捕食《ほしょく》して食べるタイプのものではありません。食料源《しょくりょうげん》は自《じ》前《まえ》でつくっています」という言い方をして

過去のリーディングで判明した蟹座に関係すると推測される宇宙人

蟹座はギリシャ神話では英雄ヘラクレスに退治された蟹と伝えられる。

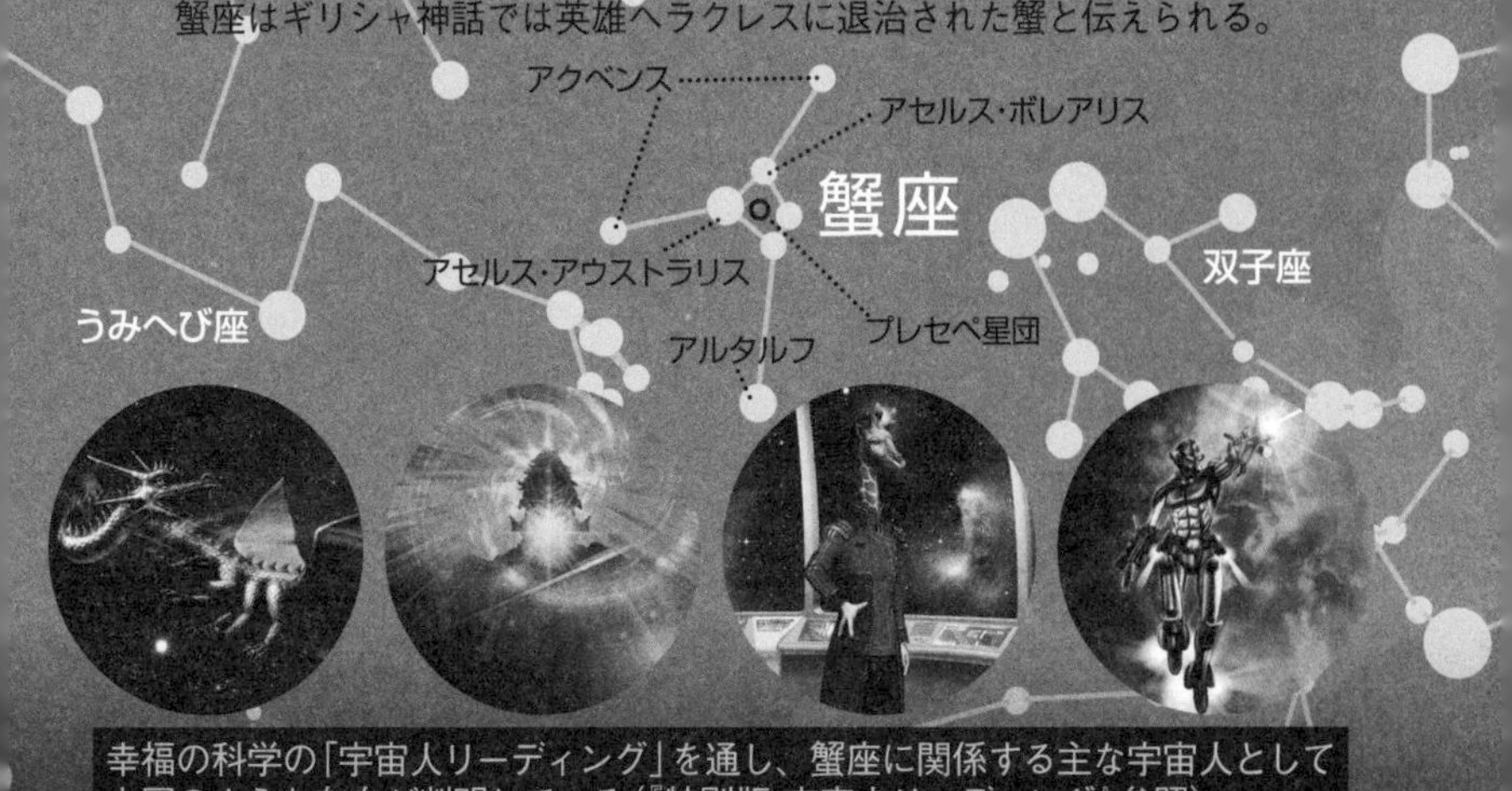

幸福の科学の「宇宙人リーディング」を通し、蟹座に関係する主な宇宙人として上図のような存在が判明している（『特別版 宇宙人リーディング』参照）。

いますね。

彼らの食料源は……。

（約五秒間の沈黙）

やはり、海の生き物を捕《と》らえて、何か加工しているようですね。何かを加工して食べています。

里村　うーん……。

大川隆法　そのままでは食べないですね。生魚《なまざかな》を食べるような種族ではないようです。人間が食べるものとは違いますが、何らかの加工食品にするような感じですね。そのようにして、タンパク源や、あるいは海藻《かいそう》類等からの葉緑素《ようりょくそ》系のものなども摂取《せっしゅ》しているようではあります。

そういう意味で、「地球でも生活は可能だと思っている」と言っていますね。

3　リーディング対象者に起きた「異常体験」の真相

宇宙人が学生たちに姿を見せた意図は？

大川隆法　（左手の真ん中に右手の三本指をつける）

では、さらに質問ですが、彼らは千葉正心館《ちばしょうしんかん》の研修に来ていたのですが、彼らに対する意図は何か持っているのでしょうか、どうなんでしょうか。何か感じるものがありましたでしょうか。

（約五秒間の沈黙《ちんもく》）

うん。「来ている人のなかに……、将来、大きな使命を持っている人がいた」と

言っていますね。

里村　おお……。海岸に来た学生のなかにですか？

大川隆法　ええ。「六人の学生のなかに、大きな使命を持っている人がいた」と言っていますね。

「将来、その人が仕事をするときに、この記憶《きおく》が、たぶん役立つだろうと思われる」ということで、このなかに、日本の将来に関係のある方がいたようです。「だから、そういう意味で、わざと発見されることもしたんだ」と言っています。

里村　おお……。

大川隆法　「発見はされるけれども、立場上、われわれも、あまり公然とはいられない。正心館に来ている人たちみんなが出てきて、見られ、証拠《しょうこ》をたくさん取られるようなところまで行くわけにはいかない。一部はお見せしたけれども、この六人のなかに、将来、たぶん、ＵＦＯや宇宙人と関係がある仕事で、日本で大きな役割を担《にな》う方が存在することを感知したため、多少、そういう前提知識を与《あた》える必要があると思った」と言っています。

里村　そういった個人情報というのが……。

大川隆法　分かる。

里村　あるんですか。

大川隆法　分かる。それが分かるんだそうです。

里村　ええ。

宇宙人に観察・記録されている地球人はたくさんいる!?

里村　そして、「彼らがその日、研修に来て、海岸に来る」というところまで、いちおうウオッチしていると?

大川隆法　「それは知っていた」と言っています。私が（説法《せっぽう》に）行くときは、「だいたいすべての情報、スケジュールをつかんでいるんだ」と言っています。

斎藤　つまり、そうだとして「海岸に来る」ことまで分かるということは、これは「未来を視ている」ということが前提になると思うんですが、その情報のなかに、「将来、この人はこうなる」という未来が視えてしまうこともあるのですか。

大川隆法　うーん……、そのようですね。

まあ、全部は追っていないと思うんですけれども、一部、人間のなかに……、やはりポイントで選んで、例えば、一億人の日本人のうち、一万人に一人ぐらいか、あるいは十万人に一人かは知りませんが、千人から一万人ぐらいの範囲《はんい》内で、いろいろとずーっと追っている人がいるんだと、やはり言っているので。

それがその人たちの仕事でしょうか。「人間の一生についての生態分析《ぶんせき》をしているので、自分たちの予想したことと、その後どうなっていくのかを観察して、記録をつけているんだ」と言っていますね。

里村　うん……。

大川隆法　だから、ＨＳＵができたら、海岸に杭《くい》を打ち込《こ》んで、里《さと》ちゃん（里村）を鎖《くさり》にでもつないで、一晩置いておいたら、これは食いついてくるんじゃないんですか（会場笑）。それで、そこへ何らかの捕獲《ほかく》装置を用意して……。

斎藤　〝餌《えさ》〟としてですか（笑）。

里村　餌……（笑）。

大川隆法　里ちゃんを連れて行こうとしたときに、パカッと捕《つか》まえられる。

里村　ネズミ捕《と》りの……、私が……（笑）。

大川隆法　「THE《ザ》 FACT《ファクト》」などでこれだけ放映していたら、彼らにとっても重要人物なんでしょうから。

里村　ええ（笑）。あっ！　実験で（笑）。

大川隆法　「ぜひ、マイ・ゲストに」「ビー・マイ・ゲスト」「来てくれ」ということで、来るかもしれないから。そのあたりをパコッと捕まえるとか、カメラで捕捉《ほそく》するとか、何かできる可能性は、ないわけではないんですね。

（里村を指しながら）あなたも、きっと、その一万人のなかに入っていますよ。必ず入っているね。

里村　（笑）いえ、いえ。

大川隆法　そういう、あとでフォローをする必要があるような人がいたときには、識別機能が何か入っているらしいので、たぶん、体のどこかに埋《う》め込まれているんでしょう。

「そういう人がいた場合には分かる」と言っているので、その六人のなかに、何か識別機能が入っている人が存在したのだと推定されます。

ＵＦＯは〝内部規定〟の範囲《はんい》内で地球人に姿を見せている

里村　逆に、「その日、海に来た」ということ自体が、ある意味で……。

大川隆法　そう。呼ばれたと。

里村　あ！　呼ばれた。

大川隆法　その可能性はありますね。

里村　ええ。

大川隆法　彼らが姿を現せる時間はそんなに長くないので、何か一定の内規というか、内部のルールはあって、露出《ろしゅつ》してもいい時間が限られているらしいんですね。

里村　時間に限りがあるんですね。

大川隆法　ウルトラマンの「三分間しか地球で戦えない」ではないけれども、「一定の時間以上、露出したらいけない」という内部規定のようなものがあるようです。「長時間露出しすぎると、大勢の人が見て、記録をたくさん取られるので、それだけの時間を与えない」という内規になっているらしい。

つまり、突然《とつぜん》に見つけて、それが存在するところまでは確認できるけれども、それ以上のサービスはしないわけです。

うーん……、そういうふうに、スターバックスのコーヒー製法に関するマニュアルのように、何か〝露出基準〟があるようですね。

斎藤　ほう……。

里村　沼口さんたちは、出掛《でか》ける前に、やはりＵＦＯの話などをしていたんですか？

沼口祈　そうですね、ええ。（九十九里浜《くじゅうくりはま》の一角に建てられている）千葉正心館から見える海辺は、けっこう「ＵＦＯの目撃《もくげき》情報が多い」とか「多発地域である」とかいうことは聞いていましたので、少し期待していました。

里村　そういう話をしていて、それから出掛けたということですね。

沼口祈　そうですね。ちょっと、期待はありました。

斎藤　でも、その時間帯って、本当は外出してはいけない時間だったんですよね？（笑）

沼口祈　そうですね。出てはいけない時間でした。

大川隆法　いやいやいやいや。呼び出されたのかも

しれない。

里村　呼び出されて……。

斎藤　それを乗り越《こ》えてでも行こうとした?

沼口祈　そうですね（笑）。

沼口永遠　弟を含《ふく》めて、何人かで先に……。

大川隆法　もしかしたら、この二人は捕獲されていたかもしれないな。そうしたら、翌日の明け方ぐらいに、フラフラッと海岸を歩いていたりしたかもしれないですね。

九十九里浜の一角に建つ千葉正心館。例年、幸福の科学学生部の夏期合宿等の研修が開催されている。

対象者の記憶をひもときながら、過去の出来事を探る。

リーディングで判明！　もとは蟹座《かにざ》の宇宙人の「仲間」!?

大川隆法　それでは、過去、この二人に何か調査が入っているかどうか、ちょっと視《み》てみましょうか。

（右手の人差し指と中指、親指の三本を立てながら、対象者のほうにかざす）

里村・斎藤　はい。ぜひ、お願いいたします。

大川隆法　特に、こちら（沼口祈）の人にはよく起きるのね？

里村　はい。

大川隆法　それから、「宇宙語をしゃべる」とかいうことですね？

斎藤　はい。そのようです。

大川隆法　はい。

（右手を対象者のほうに伸《の》ばし、掌《てのひら》を向け、上下に動かす）

では、こちらの沼口祈さんは、ＵＦＯ、あるいは宇宙人と何か関係がありましょうか、どうでしょうか。「宇宙語らしきものをしゃべる」と言われていますが……。

（対象者に右手をかざし、ゆっくりと上下に動かし、対象者に掌を向けて止める。約三十秒間の沈黙）

（右手を対象者にかざしたまま、親指を折り曲げる）「仲間、仲間」という声が聞こえてきます。

里村　仲間？

大川隆法　「仲間」とは、どういうことでしょうか。

「仲間、仲間」という声はある。「仲間」ってどういうことですか？

（約五秒間の沈黙）

うーん。うーん、うん……、「地球人として生まれさせた仲間」と言っている。

里村　はあ……。

大川隆法　お母さんのお腹《なか》のなかへ入れてもらったのでしょうか。うーん……、知りませんが、「地球人として生まれるように、仲間を押《お》し込んだ」というような言い方をしているので、やはり、あなたは地球人ではないのかもしれない。体は地球人ですが……。

斎藤　体はどう見ても、地球人にしか見えないんですけれども。

大川隆法　体は地球人ですよ。でも、顔は何となくグレイっぽい顔をしているよね（笑）。彼らが「仲間」と言っていた、それらしい顔をしているよね。

まあ、魂《たましい》的には、もしかしたら、宇宙人が入っているかもしれませんね。たまに、そういう人もいます。地球人としての過去世《かこぜ》のない方はいますから。（ナビゲーターの天雲に向かって）ねえ？　後ろの方とかね。

斎藤　あっ！　今日は、「地球人は初めて」という方も来ていますので（会場笑）（『宇宙人リーディング』〔幸福の科学出版刊〕参照）。

大川隆法　「過去世のない方」がいるので……。

何らかのかたちで、「地球で生活する目的で入った仲間だ」と言っているから、あなた（沼口祈）も、その蟹座《かにざ》の人間なのかもしれないね。

ということは、地球人のなかに入ってはいるけれども、あなたは、その調査隊員ということになるね。じゃあ、抱《だ》き合ってもよかったね。「いやあ！　久しぶり」とか言ってねえ。

『宇宙人リーディング』（幸福の科学出版）には、今世初めて地球人として生まれたとされる、エササニ星人の魂を持つ女性のリーディングが収録されている。

里村　まだまだ、これからいろいろと知ってもらわなければいけませんから、きっと、この段階では、まだ、そこまで本人には明かせなかったということですね？

大川隆法　ああ、そうですね。

不思議な現象が数多く現れてきたら、どうぞ幸福の科学へ

大川隆法　今後、これは仕事に支障《ししょう》が出ますね。こういうことを本人が自覚すると、ますます交流が盛《さか》んになる可能性が、ないとは言えません。そのうち、言葉がいろいろと聞こえてくるようになってくると危ないですね。

もし、精神病院に連れて行かれそうになったら、その前に幸福の科学のほうに逃《に》げてきてください。ガチャンと鍵《かぎ》を閉《し》められたら、もう出られなくなりますから。

そういうところにも、宇宙の言葉のようなものを話したり、いろいろなものが視

えてきたり、「宇宙人の訪問を受けている」などと言っている人は多いので、あまりそんなことを言うと、連れて行かれる可能性がありますから、必要があれば、こちらで対処します。

里村　はい。

大川隆法　当会では「悪質宇宙人撃退祈願《きがん》」（幸福の科学の支部や精舎《しょうじゃ》などで開催《かいさい》されている祈願の一つ）も用意していますので、基本的には、そういうものを受けるのがよいと思います。ただ、先ほどのように、急に二体の宇宙人が追いかけてきたり、宇宙人の長い指の跡《あと》を車につけられるといったことが起きたりして、どうしても「悪質宇宙人撃退祈願」をしている暇《ひま》などないという場合もあるでしょう。

もちろん、最終的に、本人がその状況《じょうきょう》をどうしても受け入れたいのであれば、別に構わないとは思いますけれども……。まあ、地球規模で見れば、人口が一人ぐらい減っても、別にどうということはありませんので、それでも構わないんですけれども（笑）。

里村　いえいえ（苦笑）。

ＵＦＯ遭遇《そうぐう》時、車のフロントガラスに証拠《しょうこ》を残した宇宙人

大川隆法　（前方モニターに映し出された車の写真を見て）ああ、本当だ。手形《てがた》がついていますね。

斎藤　確かに、長い指のようなもので触《ふ》れられたように、縦に長くなっています。

大川隆法　うーん。一、二、三、四本……。

里村　でも、掌《てのひら》は動いていないように見えます。

大川隆法　掌が小さいですよね。

斎藤　ええ。

大川隆法　指は四本ぐらいですかね。証拠《しょうこ》を残してくれたのでしょうか。

斎藤　「サンルーフの上のほうにも何十個か跡があった」と聞きましたけれども。

大川隆法　ああ、そうですか。

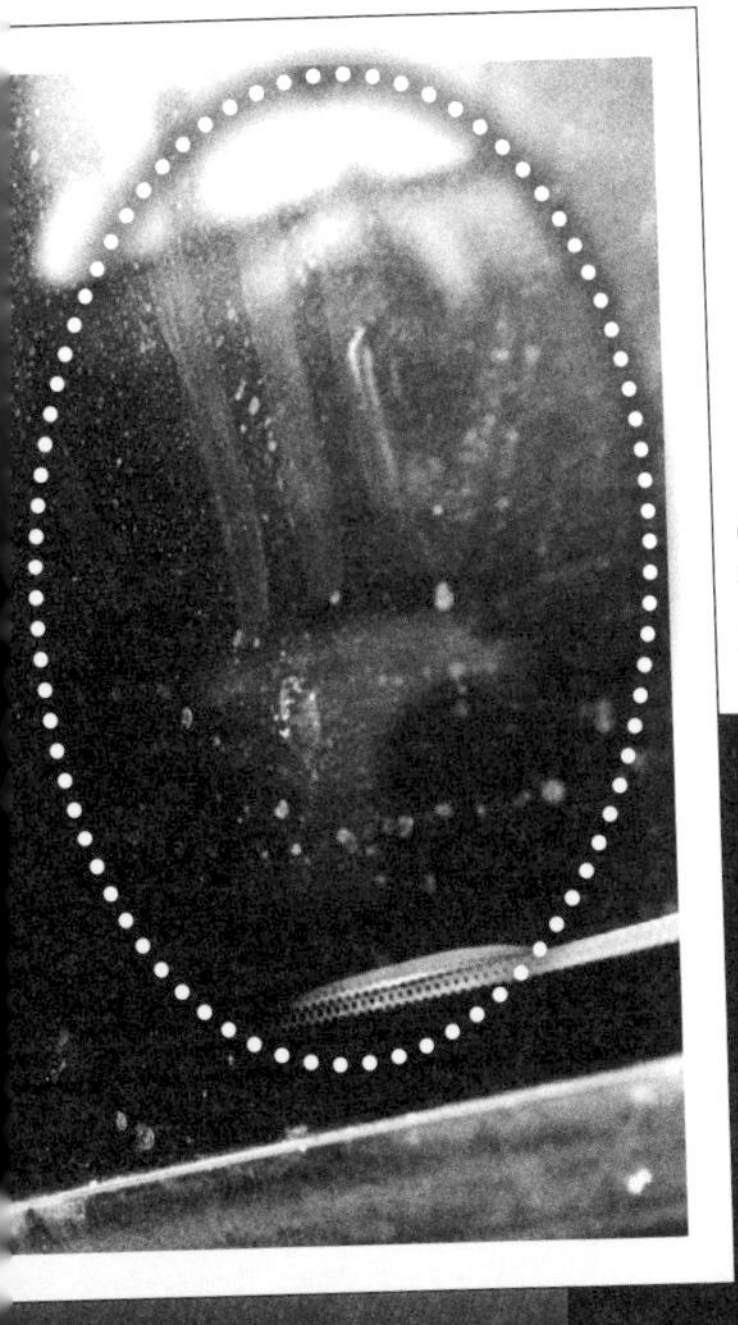

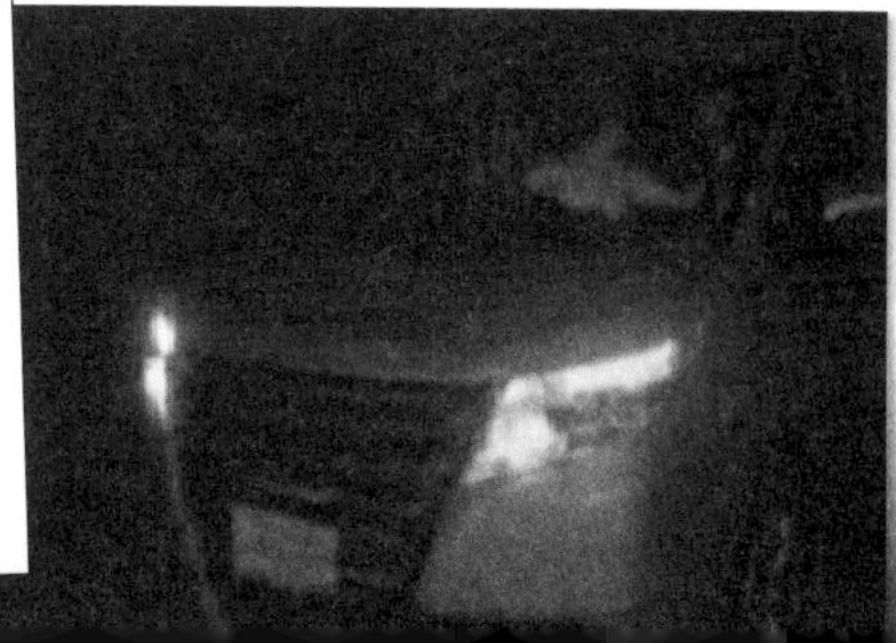

6人の学生が乗っていた車のフロントガラスに付着した手形(左写真)。異様に長い指と小さな掌のアンバランス感が特徴。

里村　この写真は、車のどの部分ですか？

沼口祈　左ハンドルの運転席の前のフロントガラスですね。

里村　フロントガラス？

沼口祈　はい。

大川隆法　フロントですか？　へえ、それは本当に、ＵＦＯに遭遇《そうぐう》した怖《こわ》い映画のような感じですね。

「午前三時四十二分」に目が覚める謎《なぞ》とは

里村　そうすると、そのあと、夜中の「三時四十二分」に……。

大川隆法　起きてしまうのはなぜか？

里村　はい。

大川隆法　これも調べてみる必要がありますね。

里村　それが半年ぐらい続いたそうです。

大川隆法　（中指と人差し指の二本を立てた状態で両手を胸の前で交差《こうさ》させる）「三

時四十二分」というのは、何か意味があるのでしょうか。これは、ちょっとよく分かりませんが……。宇宙時間に関係があるのでしょうか。

「三時四十二分に目が覚《さ》める」というのは、何か関係があるのでしょうか。

（約十五秒間の沈黙）

うーん……、なるほど。ラジオ局がそれぞれの周波数を持っているように、夜中に、いろいろな宇宙人が地球人とコンタクトをしていて、それぞれの宇宙人によって、使っていい時間帯があるのだそうです。

里村　ああ……。

大川隆法　「この時間帯は、この宇宙人」という時間帯があって、接触《せっしょく》できるというか、通信できるというか、空《あ》いている時間帯があって、「混線するといけないので、協定により、ちょっと時間を分けているんだ」ということです。

里村　ええ!?

大川隆法　ですから、「三時四十二分」というのは、彼らが占有《せんゆう》できている時間帯が、だいたいそのあたりにあるからのようです。

ほかのものと間違《まちが》えられるといけないので、ちゃんと分けてあるらしいですね。

里村　ええ。

左耳の後ろに視《み》えた、アブダクションの証拠《しょうこ》

大川隆法　もうこれは、たぶん何か識別《しきべつ》チップが入っているね。絶対に入っていま

す。うーん……。

（右手首を少し左に傾《かたむ》けて対象者にかざしながら、上下させる。約十五秒間の沈黙）

左耳の後ろあたりに、何かちょっと視《み》えるから。うーん……、何か入っているね、チップみたいなものが。

里村　ああ……。それは、いつ埋められたものなのでしょうか。

大川隆法　（右手をかざしながら、上下させる。約五秒間の沈黙）小さいときからずっと入っていた……。

里村　小さいときから。

大川隆法　うん、うん。おそらく、アブダクション的なものを受けていると思われます。

里村　はい。

大川隆法　これは、かなり小さいときから入っています。

里村　そうすると、当然、お母様が妊娠《にんしん》する段階からずっとチェックされていて……。

アブダクションで埋め込まれたと見られるさまざまな装置

あるときから突然頭痛がひどくなったり鼻血が出たりという症状を訴える人の体内から、極小の金属様物質が偶然発見されるような事例が数多く報告されている。それらは、宇宙人にアブダクションされたときに埋め込まれた装置（エイリアン・インプラント）ではないかと言われている。

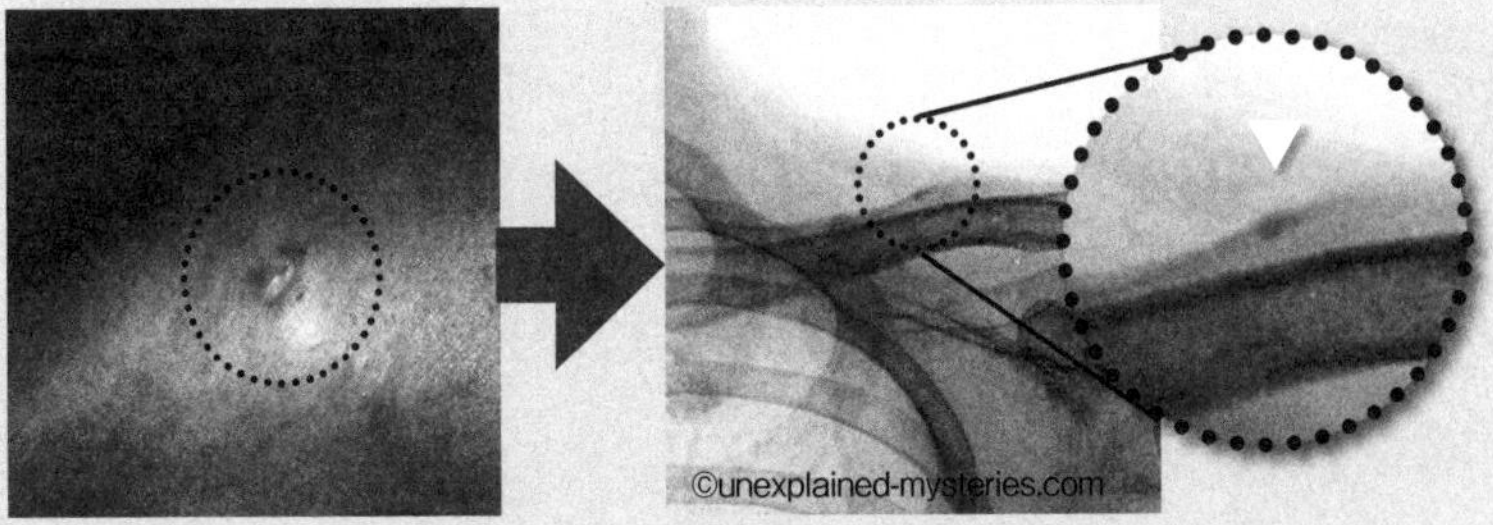

鎖骨付近に青白い金属質の物質（左写真）が埋め込まれていたインド人の例。レントゲンを撮影すると、明らかな異物が確認された（右写真）。睡眠中に空中に吸い上げられ、宇宙船のなかで灰色のエイリアンから医療行為のようなことをされた記憶があり、あとで鎖骨の手術痕に気づいたという。

大川隆法　はい。その後、チェックしています。人間として生まれたあと、識別できるようにしなければいけないので。

（里村に）あなたに入っているものと同じようなものです（会場笑）（里村は以前の宇宙人リーディングで、体内六カ所ほどにセンサーが入れられていることが判明している。前掲《ぜんけい》『宇宙人リーディング』参照）。

里村　（笑）そうですね。

大川隆法　ずっと追跡《ついせき》しなければいけないので、ときどき取り替《か》えなければいけません。

斎藤　ああ……。

大川隆法　やはり機械が古くなるので、ときどき、アブダクションをして、取り替えなければいけない。機械が進歩するから、新式のものに替えないといけないようです。

斎藤・里村　ああ……。

大川隆法　「より分かりにくいもの」に、ときどき取り替える必要があるんですよ。

里村　はい。

大川隆法　それから、機種は宇宙人によって違うものを使っているので、すべて同じではありません。

斎藤　〝機種変更《へんこう》〟をするということですか？

大川隆法　鼻の裏に入れて、鼻血が出るというようなタイプばかりではないんですよ。

里村　なるほど。

大川隆法　やはり、機械を入れる場所や形とか、性能等には、いろいろな差がありますので。

これは、うーん……。（親指を折り曲げ、他の指を伸ばしたまま、対象者にかざす）そうですね。この人の場合は、人間界と……、でも、幸福の科学のほうも、ちょっと調べたいということも入っているかとは思いますけれども。

里村　うーん。

大川隆法　まあ、どういうことはないんですよ。渡《わた》り鳥に識別の輪をかけて放したのと一緒《いっしょ》ですから、どういうことはありません。「その後、どこへ飛んでいったのか」と、渡り鳥のルートを調べているようなもので、人間の一生を記録しているんですよ。「タイプ別に、どういうふうになっていくのか」という記録を宇宙人がつけているんですね。

里村　はい。

4 「蟹座《かにざ》の宇宙人」の狙《ねら》いは何か

「THE《ザ》 FACT《ファクト》」につなげるために仕掛《しか》けられていた?

里村　祈さんは、半年間ぐらい、夜の決まった時間に目が覚めることが続いたそうですが、要するに、それはコミュニケーションを取っていたということでしょうか。

大川隆法　うーん。(瞑目《めいもく》し、右手を対象者にかざして時計回りに回しながら)半年ぐらい、何をしたかったのですか?

(里村と沼口祈を交互《こうご》に指して)「要は、こちらのほうとつながるようにやってるんだ」と言っています。

斎藤　え？　里村さんですか？

大川隆法　そう、そう、そう、そう。あなた（里村）です。「UFO好きの方々の番組（「THE《ザ》 FACT《ファクト》 異次元ファイル」）のほうにつながっていくように仕《し》掛《か》けているんだ」と言っています。

里村　はあ。

斎藤　つまり、仕掛けが実現してしまったということですか（会場笑）。

大川隆法　うん、そう、そう。もう、実現しているわけですよ。

異次元ファイル

戦後体制という
枠組みの中に
UFO問題が
顕著に
表れている

独自取材に基づくスクープ情報で話題のネット番組「THE FACT 異次元ファイル」

斎藤　ああ……。

大川隆法　「こちらとつなげるためにやっているのであって、われわれも無駄《むだ》な仕事はしない」と言っています。

また、「二〇一〇年にしたのは、今年、ＨＳＵが開学する時期が来たのと（二〇一五年四月開学）、映画もあるので（二〇一五年十月に公開予定の映画「ＵＦＯ学園の秘密」）、タイミング的に非常によろしく、〝蓋《ふた》〟を開けていかなければいけないころなので、そのための〝仕込《しこ》み〟を、もう何年か前からやっているわけなんだ。時期が来たので、それを少しずつ、つなげ始めているんだ」と言っていますね。「異常を訴《うった》えると、そういうのを察知する人が出てきて、調べたくなるようになっている」と。

まあ、そういうことのようですね。

番組で取り上げるのにちょうどよかった今回の体験

里村　今回の体験は、二〇一〇年に起きた出来事であって、すでに「ヤング・ブッダ」でも少し紹介《しょうかい》されていたのですが、企画《きかく》会議でこの話が出たときに、私は、「それはぜひ、しっかりやろう」と言いましたので、見事に〝引っ掛かった〟のですね（笑）（会場笑）。

大川隆法　まあ、そんな、「すぐに殺して食べよう」とか、そういう目的はないようなので。あくまでも、泳がしておかなければ意味がないのでしょう。

里村　ええ。確かに、例えばこれが、「宇宙人と会って話をした」というところまで行くと、こちらとしては逆に、「それは、いきなりどうかな」と思い、かえって少し退《ひ》いてしまったと思います。

大川隆法　うーん。

里村　番組としての信憑《しんぴょう》性という点で考えたときに、「怖《こわ》くなって逃《に》げた」というあたりが、取り上げるのにちょうどよいぐらいでした。きちんと表面意識がある段階で、「宇宙人と会話をした」ということになると、「ちょっと、どうかな?」と思ったでしょうが、（モニターに映っている宇宙人の手形を指して）例えば、「千葉での出来事においては、車にこういう跡《あと》が残っていた」とかいうことで、番組として取り上げるのに、ちょうどよい話だっ

たわけです。

大川隆法　ああ。なるほど。

斎藤　つまり、話の内容があまりにも〝濃《こ》い〟と、みんなが退《ひ》いてしまって、「これは嘘《うそ》に違《ちが》いない」という、嘘つきの判定を食らいやすいのですが、その一歩手前で止めた〝寸止め〟の状態が、〝いい感じ〟だったということですね？

里村　そういうことです。それで、番組で取り上げることになったのです。

大川隆法　別に、私は宇宙語も通訳できますよ。

斎藤　（笑）

蟹座《かにざ》の宇宙人は、どこの星から来たのか

里村　ちなみに、今回、その蟹座《かにざ》のほうから来たという彼らは、自分たちの星の名前、あるいは、「何星人だ」などということは言っていますでしょうか。

大川隆法　（左手を開いた状態で眉間《みけん》に中指を当てながら、約十五秒間の沈黙《ちんもく》）なんか、うーん、「エルフ」と言っているような感じがします。

里村・斎藤　エルフ？

大川隆法　うーん。「エルフ星人」と言っているような気がしますが、私はこんな星は知りません。

斎藤　ほおお……。

大川隆法　うーん……。この星については、天文学的にどんなものか、ちょっと分からないのですが、蟹座方面に存在するのでしょうか。「エルフ」と言っていますね。

里村　『指輪物語』にも、「エルフ」というのが登場します。

大川隆法　ああ、そうですか。

斎藤　妖精《ようせい》で「エルフ」というのがありますね。

『指輪物語』は、イギリスの作家J・R・R・トールキンのファンタジー小説。同小説を映画化した「ロード・オブ・ザ・リング」三部作（2001～2003）は世界的ヒットとなった。また、トールキンが生み出したホビット（小人族）は、エルフと同様、耳が尖っているという特徴を持つ。

里村　耳が、ちょっとだけ……。

大川隆法　耳が尖《とが》っているの？

斎藤　はい。耳が尖っていますね。

大川隆法　ああ、そうなの。

里村　ええ。それで、まあ、イメージは……。

斎藤　〝美男・美女〟で……。

里村　「銀髪《ぎんぱつ》で、髪《かみ》の毛が長くて」という。

エルフは北欧地方に伝えられる伝説の種族。魔力を持った半神的な存在で、若く美しい姿をしているとされる。古来よりさまざまな絵画や文学作品等で表現され、現代でもファンタジーをはじめとする作品に好んで取り上げられている。

©Den Glemte Legion Rollespil i Randers

大川隆法　うん、うん。ああ、なるほど。

里村　ええ。イメージ的にはそのようにつくられていますけれども。

大川隆法　うーん、「エルフ星人」と言っていますね。

斎藤　エルフ星人。ああ……。

大川隆法　ええ。それは、昔のスコットランドか何かの物語なのでしょうが、もしかしたら、宇宙人なのかもしれないですね（笑）。

斎藤　「北欧《ほくおう》のほうの伝説は、宇宙人につながっている可能性がある」ということですね？

大川隆法　その可能性はありますね。妖精とか、ホビットとか、その手のものに関係があると思います。「エルフ」「エルフ星人」と言っているから……。

エルフ星人がリーディング対象者に伝えたかったこととは

里村　それでは、エルフの方たちは、沼口祈さんに、夜、何を伝えたかったのでしょうか。

大川隆法　半年も〝話〟をしたのであれば、それを翻訳《ほんやく》するのはちょっと大変すぎますけれども。

（沼口祈に向かって）あなたは、自分で、話の内容を何か自覚したことはあるのですか。それは分からない？

沼口祈　はい。特に話をした記憶《きおく》はありません。

大川隆法　寝言《ねごと》は録音していなかった？

沼口祈　一時期、iPhone《アイフォン》の「寝言を発すると、自動的に録音するアプリ」を起動していたのですけれども……。

斎藤　そんなアプリがあるんですか（笑）。

沼口祈　はい。それに、その半年ぐらい、ちょっと、異音《いおん》のような……。声なのか、物音なのか分かりかねるようなものが、けっこう大きな音で入り続けたときはありました。

睡眠の質を改善・向上させることを目的として、睡眠中の寝言やいびきを自動録音してセルフ・チェックできるスマートフォンのアプリが各種つくられている。

里村　録音していたんですか。

沼口祈　はい。録音していました。

大川隆法　ああ、そうですか。半年間のすべては無理なので、どこか特徴《とくちょう》的なものが、何か出てこないでしょうか。

（握《にぎ》り拳《こぶし》をつくり、親指で人差し指の付け根を繰《く》り返しこすりながら、何かを操作するようなしぐさを続ける）特徴的なもので、何を話しているのか……。（約五秒間の沈黙）

ええ、翻訳します。彼（沼口祈）が言っている言葉のうちの一つですが、「うちの姉ちゃんは、きっと偉《えら》くなるので、私とコンタクトを続けることは、あなたがたにもメリットがあるはずだ」というようなことを言っていますね。一つは、そういうことを言っているのが聞こえます。

里村　はい。

大川隆法　ほかはどうですか。（約十秒間の沈黙）あとは、うーん。やはり、いちおう、一家全員を見張ってはいるようですね。一家全員を見張っている。

里村　ああ……。

斎藤　見張っている？　監視《かんし》を受けているのですね？

大川隆法　うん、監視を受けている。全員、見張られてはいるので……。

「われわれ（エルフ星人）の仕事のなかには、一代だけでなくて、何代か続いて、どうなっていくかというのを見る役もあるんだ。こういう記録を残しながら、ずーっと、三代、四代と、『世代を超《こ》えてどのようになっていくか』みたいなのを見る仕事もある。そのようなプロジェクトには参加しているんだ」というようなことを会話していますね。

里村　はい。

大川隆法　「これから日本が変わっていこうとしている。宇宙時代、ＵＦＯ時代に入っていこうとしているところなので、われわれも非常に関心を持って、今、見ているところだ」という話をしていますね。

まあ、交互に（会話を）しています。彼（沼口祈）は、寝ながら、「いや、私だって協力する気はあるんですよ」というようなことを答えたりしていますね。

斎藤　ああ……。

大川隆法　そんな感じですかね。

また、向こうに、「ただ、心配なのは、こんな異常状態が続いて、自分は、未来があるんでしょうか」というようなことを言っていますが、あちらは、「大丈夫《だいじょうぶ》さ。最後はどうにかしてやる」と答えています。「いざとなれば、最後は、アブダクションして、そのままにすれば終わりだから、別にどうってことはない」と（会場笑）。「あまりにも変な地球人が現れたということになって、上野《うえの》動物園に囚《とら》われるような感じになるんだったら、連れて行ってやるから心配するな」ということを言っているようです。そんな会話をしていますね。

里村　ある意味では、宇宙船に乗せて、〝回収《かいしゅう》する〟ということですね。

大川隆法　うん、そう、そう。「彼のことが分かってしまい、みんなの監視下に置かれ、地球人の研究対象になって、もう出られないようにされて、ラボ（研究室）のなかで飼われるようになったら、その場合は、われわれが救出して連れ出し、向こうにバイバイさせてやるから大丈夫だ」というような、こんな会話をしていますね。話している内容は、そういうことです。

里村　はい。

「今年、有名になっている」というリーディング対象者の過去世《かこぜ》

里村　「何代か続けて、ずっと継続《けいぞく》してウオッチしている」とのことですが、それは、「沼口家」の〝家〟というよりも、〝個人個人〟、つまり、お二人それぞれを見ているということでしょうか。

大川隆法　分かりません。

でも、「姉ちゃん（沼口永遠）は偉い」と言っているから、お姉さんのほうを視《み》てみましょう。

（沼口永遠に手をかざす。約十五秒間の沈黙）「この人は、今年、有名になった」と言っていますね。

斎藤　え？　今年？

大川隆法　うーん、「今年、有名になっている」と言っているから。

里村　はああ……。「今年、有名になっている」とは、つまり某《ぼう》局の……。

大川隆法　確かに、日本人が誰《だれ》も知らなかったのに、今、ドラマで、急に名前を知られた人物がいますね。

里村　はい。

大川隆法　なるほど。とすると、だんだんに影響力《えいきょうりょく》は出てくるわけですね。

里村　ええ。はい。

大川隆法　おそらく彼女は、将来的に、教団の中枢《ちゅうすう》部にも影響力を行使できる可能性が、出てくるということでしょう。

斎藤　はあ……。

大川隆法　そういうことだね。たぶんそういう感じだね。

里村　沼口永遠さんの過去世《かこぜ》は、ある大河《たいが》ドラマの登場人物だった方ということですね。

大川隆法　以前、調べたときに、偶然《ぐうぜん》、そんな名前が出たように思いましたが（注。二〇一三年四月四日収録の「人材リーディング」にて）。

里村　はい。

大川隆法　怪《あや》しい。これには、〝プロデューサー〟がいますね。

里村　タイミングとして、符号《ふごう》が合いすぎていますから。

大川隆法　うん。おそらく、プロデューサーがいます。

この人（沼口永遠）は、注目されざるをえなくなるから……。教団のなかでは、どうせ注目されますよね？

里村　はい。

大川隆法　そうすると、その後は、「どのような仕事をするか」というようなことについても、当然、関心は持たれることになってくるでしょう。

里村　ええ。

大川隆法　何か、影響力が出てくるということですね。「お姉ちゃんのほうが、影響するから」と言ってるから……。

まあ、調査対象ではあるけれども、研究用のペットのように、いろいろといじってはいけない存在なのだそうです。

里村　ええ。

大川隆法　要するに、「もう少し、何らかの重要な機能を果たすことを期待している」という感じかな。

テレビドラマ企画《きかく》前の二〇一〇年からすでに「捕獲《ほかく》していた」

里村　そうしますと、二〇一〇年八月二十五日の出来事は、偶発《ぐうはつ》的ではなくて……。

大川隆法　二〇一〇年には、二〇一五年のテレビドラマの内容は予想されていませんよね。

里村　二〇一〇年だと、まだ企画《きかく》も立つ前です。

大川隆法　まだ、立っていないですね。向こうは、そのような段階で、もう捕獲《ほかく》しているわけです。

里村　未来を見据《みす》えて、二〇一〇年には、「種がまかれていた」ということですね。

大川隆法　確かに、当時、すでに大学（ＨＳＵ）の計画はあったかもしれません。

里村　はい。

大川隆法　（エルフ星人は）なかなか賢《かしこ》いですね。あちらにも〝里《さと》ちゃん（里村）〟がいるのではないですか？

里村　いや（笑）。

大川隆法　分身《ぶんしん》か何かが……。

里村　そのプロデューサーというのは、エルフの方でいらっしゃいますか。

大川隆法　そうなのではないでしょうか。うーん……。それか、担当別に張りついている者がいるのではないでしょうかね。まだ正体は出てきていませんけれども。でも、（沼口永遠を指して）この人のなかには、おそらく、魂《たましい》の何かが入ってはいるのでしょう。〝地球人になる前のもの〟が、何か入っているのだろうから、それに関係のある方でしょうね。

里村　はい。

大川隆法　あるいは、もし、向こうにも寿命《じゅみょう》があるとすれば、あちらも、親、子、孫と引き継《つ》いで調査している可能性もあるかもしれません。何か、そんな感じです。

宇宙時代に先駆けたスペース・ビーイング研究の蓄積

大川隆法監修『特別版
宇宙人リーディング』
(宗教法人幸福の科学)

幸福の科学では、宇宙人に対する偏見や先入観を排した科学的探究精神に基づき、2010年から5年間にわたり、100本近くの「宇宙人リーディング」および関連法話を公開収録し、200体以上の宇宙人をリーディングしてサンプリング。この間に蓄積された独自の最新宇宙人情報は40冊以上の書籍として発表(左ページ)。内外政府筋への情報提供をはじめ、各種研究家から注目の的となっている。

UFO学園の秘密

宇宙人探索リーディング
大川隆法
宇宙人リーディング
新種を求めて
宇宙の中の地球
「宇宙の法」入門
宇宙人との対話
宇宙人リーディング
宇宙からのメッセージ
宇宙からの使者
レプタリアンの
地球を守る「宇宙連合」とは何か
宇宙の守護神 ベガの女王
宇宙人による地球侵略はあるのか
グレイの正体に迫る
ABDUCTION
AREA51
遠隔透視
中国秘密軍事基地
遠隔透視 ネッシーは実在するか
神秘現象リーディング

5 地球で密《ひそ》かに展開されている〝移住〟の実態

宇宙からの介入《かいにゅう》は、宇宙協定に基《もと》づいているのか

斎藤　宗教的な目で見ますと、霊的《れいてき》世界には、地球を司《つかさど》っている地球系霊団《れいだん》というものがあります。そして、その光を受けている地球に、ほかの惑星系《わくせいけい》の方が、宇宙協定の範囲《はんい》内ではあるものの、研究の名目《めいもく》で入ってきているわけです。これはある面で、地球の文明に、「間接的介入《かいにゅう》」というものが行われているのだと思います。

大川隆法　うーん。

斎藤　ただ、そういうときには、リエント・アール・クラウド様をはじめ、そうし

た折衝《せっしょう》する神様がたや、例えば日本の場合ですと、日本神道《しんとう》系の神々などとの交渉《こうしょう》があるはずです。

このケースは、その上で介入が行われているのか、もしくは、内密《ないみつ》に、非合法的に行われているものなのか。どういった関係が、そこに成り立っているのか。これは一つ、疑問として残っておりますが……。

大川隆法　うーん……。実際は、もう数が多すぎて、全部は掌握《しょうあく》し切れない状態にはなっています。

斎藤　ということは、下手《へた》をすると、これ以外にもいろいろなかたちで、日本国内に宇宙人がいるということでしょうか。

大川隆法　いや、「知らないのは地球人ばかりなり」ということでしょう。日本は、いまだに、宇宙人やＵＦＯを否定する内容を、公共放送で流しているような国ですので、実は、こんなところほど簡単なところはないわけです（『「宇宙人によるアブダクション」と「金縛《かなしば》り現象」は本当に同じか――超常《ちょうじょう》現象を否定するＮＨＫへの〝ご進講〟――』〔幸福の科学出版刊〕参照）。

調査されて、みんなで見張られていると難しいけれども、公共放送であるＮＨＫのようなところで、宇宙人やＵＦＯを否定して、「観測気球の破片だった」とか、「ＵＦＯが着陸したところは、見間違《みまちが》いだった」とか、「嘘《うそ》だった」とか、こんなものを一生懸命《いっしょうけんめい》、流してくれればく

▶幻解！超常ファイル
「私は宇宙人に誘拐された!?」

（2014 年 4 月 5 日放送）

▶タイムスクープハンター
「解明せよ！戦慄の超常現象」

（2014 年 4 月 26 日放送）

▶ためしてガッテン
「その金縛り、病気かも !?」

（2014 年 4 月 30 日放送）

▶ NHK スペシャル
「臨死体験 立花隆 思索ドキュメント 死ぬとき心はどうなるのか」

（2014 年 9 月 14 日放送）

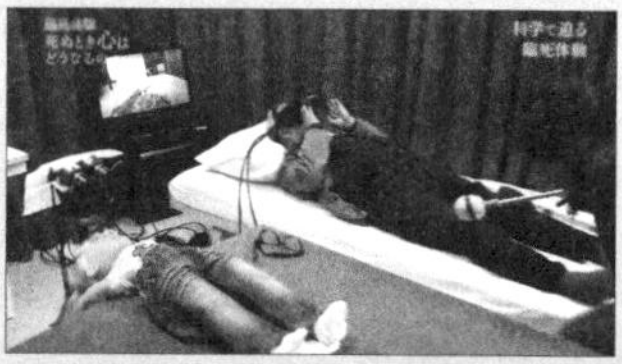

れるほど、向こうは動きやすくていいわけです。

おそらく、NHKのなかにも、〝宇宙人の分身〟は入っているのではないでしょうか。

斎藤　なるほど。

里村　NHKも、今年に入ってから、また、一生懸命、UFO否定の番組を流しています（注。ただし、地上波では今春に打ち切りになり、BS放送のみとなっている）。

大川隆法　「否定していると、熱心な人は、逆に証明しようとして一生懸命になるけれども、大部分の人は、調査対象になっていることに気がつかないままで、調査させてもらえるかたちになるので、まあ、いいんだ」ということは言っていますね。

里村　宇宙人の側からすると、都合《つごう》がいいわけですね？

大川隆法　ええ。「数はそうというので、全部を契約《けいやく》のようなもので押《お》さえているわけではないと思う。メジャーなところは、何か取り決めをしていると思うけれども、それほどメジャーではないところについては、ほかのものとの関係上、あるいは、『許せない』というところまで行かなければ、その間《あいだ》では、自由はある」ということは言っていますね。

里村　はい。

エルフ星人は、ただいま引っ越《こ》し中？

里村　先ほど、大川総裁が時間を遡《さかのぼ》ってご覧になっているときに、「これは中継《ちゅうけい》母船ぐらいじゃないか」という説明がありました。エルフの方々にお伺《うかが》いしたいのですが、千葉の海岸に現れた、マッコウクジラの頭のようなその宇宙船は、どこから来たのでしょうか。

大川隆法　うーん、ちょっと待ってくださいね。（約十五秒間の沈黙《ちんもく》）

「今は、地球から宇宙に探索《たんさく》機械がいっぱい飛んでいて、火星とかにも飛んできたり、調べたりもしているので、みんな引っ越《こ》しが忙《いそが》しくてしょうがないんだ」と言っていますね。

里村　引っ越しですか？

大川隆法　「地球人が探索に来る」といったら、引っ越ししなければいけなくなるので、けっこう忙しいんだと言っています。

ただ、「今、月の裏側には怖《こわ》がって来ない。地球人は怖がって、来なくなっている」とも言っていますね（『ダークサイド・ムーンの遠隔《えんかく》透視』〔幸福の科学出版刊〕参照）。

斎藤　アポロ計画も、17号で突然《とつぜん》打ち切りになっていますしね。

大川隆法　うーん、「怖がっているんだ」と言

17号で打ち切りになった「アポロ計画」の謎と元宇宙飛行士エドガー・ミッチェル氏の証言

1960年代、アメリカ・ケネディ大統領が強力に主導した「アポロ計画」では、11号で月面着陸を達成。その後、20号まで予定されていたが、72年の17号で、突然、打ち切りとなった。その背景として、月面で宇宙飛行士がUFOや宇宙人等に遭遇した事実を隠蔽しているのではないかといった説が出回っている。

「THE FACT 異次元ファイル」では、アポロ14号の元飛行士エドガー・ミッチェル氏（左）の自宅に赴き、独自取材を敢行。同氏は「宇宙人が地球にいることは否定できない。彼らが何世紀も前から地球に来ていることを示唆する証拠がある」と明言した。

「THE FACT 異次元ファイル」による取材証言

っています。「怖いのを知っているので、来なくなってるから、あちら（月）が、今は居やすい」と言っていますね。

だから、とりあえず月のほうから来たのではないかと思います。

もとは火星のほうにいたような感じなのですが、「火星は、今、一生懸命探索されているので、引っ越ししている」という言い方をしていますね。

里村　ええ。火星のほうでは、最近でも、写ってはならないものが写ったりして、どんどん、それが漏《も》れてきたりしているようです。

探査機による最新調査で次々と新事実が判明しつつある火星

2014年4月3日、NASAの火星探査機「キュリオシティ」が撮影した画像（右写真）のなかに、懐中電灯で照らしたような小さな光の点（丸囲み部分）が映っていることが話題になった。4月9日にCNNでも報道された。
また、火星探査車「オポチュニティ」が撮影した6枚の画像のなかに、天使の姿のようにも見える謎の光が映り込んでいたことも話題になった。その光は探査車に近づくように、徐々に大きくなっている。

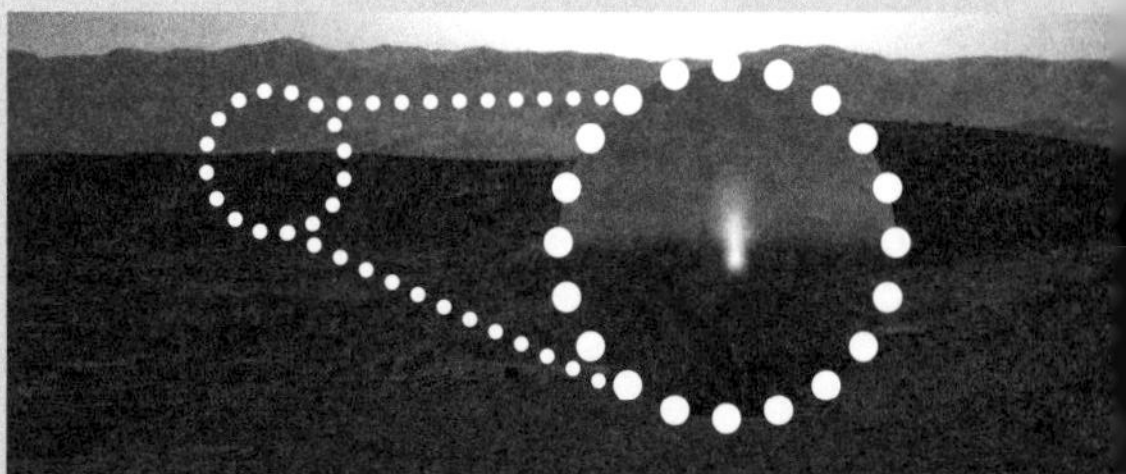

大川隆法　引っ越しが間に合わないそうです。〝アート引越《ひっこし》センター〟が間に合わない（会場笑）。

里村　（笑）

星と星の間を転生輪廻《てんしょうりんね》する魂《たましい》もいる

里村　さらにエルフの方々にお伺いしたいと思います。「地球人と共生できるかどうかを、いろいろと調べている」とおっしゃっていましたが、地球で共生する目的は何でしょうか。なぜ、蟹座《かにざ》のエルフの星から、こちらに来たのでしょうか。

大川隆法　（約五秒間の沈黙）「仲間は、すでにだいぶ入ってはいる。もう、歴史的にだいぶ入っているので、エルフ系の仲間は地球全体で言うと、今の七十二億人のうち、うーん……、子孫繁栄《しそんはんえい》して、たぶん百万人ぐらいはいると思われる」と言っています。

里村　百万人ですか。

大川隆法　うん、うん。「全世界には、そのくらいは入っていると思うので、そのへんについては責任を感じて、見てはいるんだ」と言っていますね。

斎藤　その百万人というのは、「自分がエルフ星人である」ということに関して、無自覚なのでしょうか。今のリーディング対象者（沼口祈）のように、根っこにはエルフ星人という本質はあるのですが、表面的にはその意識はまったくない状態で入植《にゅうしょく》している人が、百万人いるということでしょうか。

大川隆法　うーん、「全部が自覚しているわけではありません。ただ、他の宇宙系の人たちとの関係があるので、自分たちが、ある意味での『プロテクター（守護）』の役もしているんだ」と言ってはいますね。

里村　えっ、プロテクターですか？

斎藤　ああ、護《まも》ってあげているということですね。

大川隆法　だから、「エルフ系の人たちの守護をしている面もあるんだ」と言っています。

里村　ああ、エルフ族の、北欧《ほくおう》の島のあれですよね。

大川隆法　つまり、自分たちの子孫、あるいは末裔《まつえい》が、地球に適応していられるかどうか。また、次の人たちが地球で経験を積めるかどうか。

「転生輪廻《てんしょうりんね》というのは、あの世とこの世だけではなくて、星と星との間の転生輪廻もあるんだ。転生輪廻計画のなかには、そういう経験を積む魂《たましい》もいて、それには一定の枠《わく》があることはあるので」ということを言っていますね。

「星と星との間の『星間《せいかん》転生輪廻』というのも、そのうち分かるようになるだろう」と言っています。

斎藤　「星間転生輪廻」ですか？

大川隆法　ええ。「同じ星ばっかりで生まれると、やっぱり学習効果が落ちてくるので、ときどき、ほかの星に生まれて、『自分の星に生まれるということは、どういうことなのか』っていうことを体験してみる。違いを経験する必要があるんだ」

と言っていますね。

HSUは宇宙人からも期待されている

里村　彼（沼口祈）は、お母さんのお腹《なか》に送り込《こ》まれたというわけですが、そうすると、地球での転生は今回が初めてということですか。

大川隆法　（約十秒間の沈黙）「あとの魂のきょうだいは、エルフのほうにまだ残っている」と言っていますね。

里村　星間の転生輪廻というのは、エルフ族の方だけのものでしょうか。

大川隆法　「いや、ほかにもあるので、そういうものを探究するのが、HSUとかハッピー・サイエンス（幸福の科学）の、これから残りの『宇宙の法』の仕事だろう」と言っています。

「これは、これから明らかになってくる部分で、すでにＵＦＯだとか、宇宙人とかを否定しているような状況《じょうきょう》では、もう全然進まないし、これらを認めた上で、さらに研究をしなきゃいけないので。そういう意味で、今、自分たちで自由にやろうとしているのは、それでいいんじゃないか。

日本の大学だって、公式にＵＦＯや宇宙人を研究する学部や学科なんていうのは、文部科学省が認めないでしょうけど、あなたがたのところは可能性があるので、地球の人も期待してるけど、宇宙の人たちも期待はしているんだ」というようなことを言っていますね。

「やっぱり、ウェルカム波動《はどう》があれば接触《せっしょく》はしやすいですけど、そういう敵意を持たれると、接触しにくくはなるので。そういう意味で、ちょっと期待はしているんだ」と言っています。

里村　ああ、なるほど。

地球で繰《く》り広げられる、異星人たちの「新文明創造」

大川隆法　まあ、六人の目撃《もくげき》者のなかに、このエルフ族と、それ以外の誰《だれ》かがもう一人ぐらいいたのではないかと思うんですよ。

里村　えっ!?　一緒《いっしょ》にいたなかに、まだいたのですか。

大川隆法　うん、うん。もう一人ぐらい、ビッグショット（大物）がいたみたいですね。

里村　エルフではない方がいらっしゃった?

斎藤　同じように、ほかの星からの深い関係を持つ人間がいて……。

大川隆法　うん。ほかの星と深い関係を持っていて、地球に影響《えいきょう》を出しそうな人が、もう一人いたみたいですね。

里村　それは、どちらの星でしょうか。

大川隆法　ああ、それはちょっと分からないようです。

斎藤　水面下では、そのようにいろいろな星からの影響が、〝地下水脈《すいみゃく》〟のように来ているわけですか。

大川隆法　そうですね。だから、間接的に、こう（上から糸で人形を動かすしぐさをして）ピアノ線のように、けっこう地球を舞台《ぶたい》にして、みんないろいろやってはいると思われます。

どこかの種族が地球に生まれて、そのときにリーダーが出てきたら、もとの星の影響を受けた文明が起きるのでしょうからね。実験として、「新しい文明を起こせるかどうか」というような競争はあるのではないでしょうか。

6　エルフ星人の驚異《きょうい》的な科学技術と地球文明の展望

地球は宇宙でもまれな「メシア星《せい》」

里村　先ほど、「エルフの方が地球に百万人ぐらいいる」という話がありましたが、そもそも、なぜ地球に着目されたのでしょうか。

大川隆法　（約十五秒間の沈黙《ちんもく》）まあ、「ここは、『メシア星《せい》』の一つなんだ」ということです。

斎藤　メシア星ですか？

大川隆法　ええ。「メシア星の一つなので、そういう意味では、研究対象として非常に重要なターゲットなんだ」と言っています。

里村　宇宙のなかには、「メシア」という一つの使命を持った星の……。

大川隆法　うーん、「メシアが存在する星と、そうではない星があって、（地球は）メシア星の一つなので、研究対象の一つとしては重要なところなんだ」と言っていますね。

里村　そうすると、メシア星というのは、まれにしか存在しないわけですよね？

大川隆法　うーん、「人類型のものが住んでいる星で、メシア星と目《もく》されるものは……。人類型の生命体が住んでいる星としては、百個に一個ぐらいだ」と言っています。

里村　百個に一個ぐらい!?

斎藤　ヒューマノイド系で?

大川隆法　うん、うん。「生命は存在していても、メシア系の星まで行っているところというのは、そんなに多くはないんだ」と言っていますね。

里村　エルフの方々は、いつごろから地球のほうに来られたのですか。

大川隆法　「自分らが来たのは、三百万年ぐらい前かなあ」と言っています。

里村・斎藤　三百万年前!?

大川隆法　「三百万年ぐらい前かなあ」と言っていますね。

ＵＦＯの操縦にも〝運転免許《めんきょ》〟が必要

里村　目撃《もくげき》の当日は、中継《ちゅうけい》型の母船のほかに、小さなＵＦＯがいたようです。なぜ、小さいＵＦＯを飛ばしていたのでしょうか。

大川隆法　（約十秒間の沈黙）「いちおう、飛行訓練っていうのはあるんだ」と言っていますね（笑）。

斎藤　ああ、訓練ですか。

大川隆法　「〝免許《めんきょ》〟が取れるまでの間には、やっぱり『滞空《たいくう》時間』があって、いちおう星によってＵＦＯも機種が違《ちが》っている。『その星用』っていうのがそれぞれあるので、地球用の調査用ＵＦＯの乗組員として運転した飛行時間、滞空時間があって、それが一定経験ないと、免許が下りない」と言っています。

まずは安全なところで訓練をして、滞空時間が一定数になれば、独自の行動も取れるようになる免許が出るのだそうです。そういう意味で、その場に飛んでいたのは、訓練生たちですね。

「訓練生がいっぱい飛んでいたので、あまり長い時間、観察されるのはよろしくなかった。焦《あせ》ると事故が起きたりすることもあるので」ということです。

里村　なるほど。

宇宙航行に利用される「宇宙のマスターステーション」

里村　本日は、霊的《れいてき》指導としてアインシュタイン様の力もお借りしていますので、お伺《うかが》いしたいのですが、この中継型母船は、どのように宇宙空間を通ってくるのでしょうか。

例えば、霊界《れいかい》を利用するとか。エルフの方々の移動方法は、どのようになっているのでしょうか。

大川隆法　（約五秒間の沈黙）「『中継型』自体は、月の裏側から来ている場合、実際に飛行しています」と言っていますね。

斎藤　つまり、物理的な三次元飛行ということですね。

大川隆法　「かなり速い速度ですけど、飛行はしてきています。月から地球までは、いちおう実際の飛行で来られる距離《きょり》なので、もちろん地球の乗り物よりは速い速度ですけど、飛行はしています」と言っています。

「ただ、それより遠い距離になりますと、やはり、この中継用じゃない、もっと本格的な、ワープができる母船があることはあるので、基本的には、そちらのほうに入ってから移動することになります」と言っていますね。

それから、これはアインシュタインのほうに聞いていることで、前回の霊言《れいげん》（『アインシュタイン「未来物理学」を語る』〔幸福の科学出版刊〕参照）でも、ちょっと話はした内容なのですけれども、「結局、宇宙のなかには、ハブ空港のような、そこを通ればどこにでも行ける中心点みたいなキーステーションがあちこちにあって、いちおう、そういうマップが

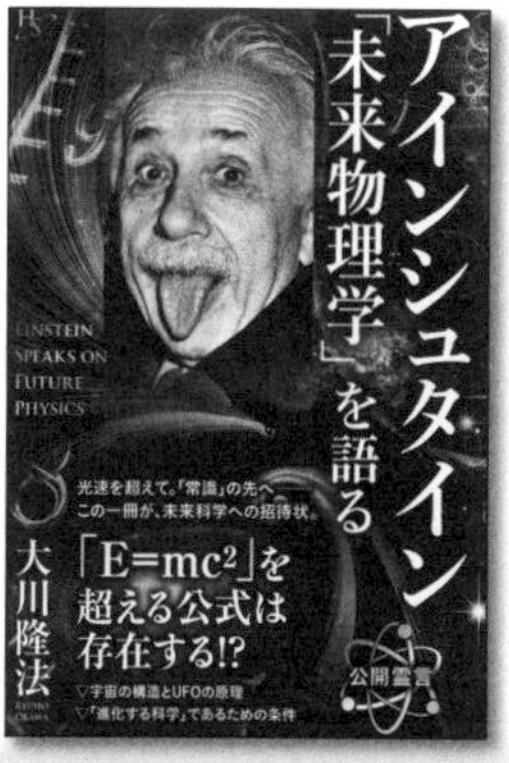

『アインシュタイン「未来物理学」を語る』
（幸福の科学出版）

あることはあるのだ。『どこを通じて行けば、どこへ行けるか』っていうルートはあるので、まずはそのキーステーションというか、マスターステーションみたいなところに移動をかけて、そこから次に行きたいところへ移動するというかたちになるのだ」ということです。

「だから、蟹座《かにざ》系のほうに行く場合も、直接は行かないで、ほかのところを経由して行くんだ」と言っていますね。

「そういうキーステーションマップまでつくるのは、今の段階ではまだちょっと無理だとは思うけれども、たぶんＨＳＵが始まれば、そのへんはだんだんに調べが進んでいくだろう。宇宙の地下鉄路線図みたいなものが、出来上がってくるだろう」と言っています。

「人間の精神状態」を調査している？

斎藤　最初に六人が宇宙人を見たときに、「撃退されるようなかたちで、恐怖心《きょうふしん》を与《あた》えられた」というふうに伺《うかが》いましたが、科学の発達により、人間の精神に対して何か影響《えいきょう》を与えるような、そうした装置のようなものがあるのでしょうか。

里村　彼らに恐怖心を与えたと。

斎藤　そういう、「人間の心に対して、コントロール気味《ぎみ》にアプローチをかける」というのは、科学的にはありえるのでしょうか。

大川隆法　うーん、「基本的には、宇宙人同士の間では、やっぱり言葉というか、テレパシー的な交信をするので、心の力が大事なんだけども。

『宇宙の法』がまだ説かれていない段階での、彼らの精神状態はどんなものか。彼らの精神状態はどのくらいで、『宇宙の法』が説かれていった場合、精神状態はどういうふうに変わるのか。同じような恐怖体験を味わわせたとき、どういうふうに反応するか。どういうふうに変化していくか。そういうことを調べたいっていうのがあるんだ」と言っています。

里村　はあ……。

大川隆法　「『宇宙の法』が分かっていない場合は、すごく怖《こわ》かったのが、ある程度、分かってくると、踏《ふ》みとどまって会話をするとか、知ろうとするとか、そのへんの違いが出てくるだろうと思っている。未知なるものは怖いけど、既知《きち》のものは怖くなくなってくる」というようなことを言っていますね。

HSUの建設計画に、宇宙人が干渉《かんしょう》していた？

里村　お話をお伺いしていますと、HSUが非常に大きな一つの鍵《かぎ》に……。

大川隆法　「そうです。大きな鍵で、ここは、もともとそういう目的の場所なんだ。ここに引っ張っていくことを目的として、やったんだ」と言っています。

それから、「まもなく、人類の始まりから、たぶん日本人のルーツまで、全部分かるようになるだろう」と言っていますね。

斎藤　ここを起点として？

大川隆法　ええ、「宇宙のところまで調べないかぎり、ルーツが分からないんだ。それぞれの民族のルーツまで分かってくる」と言っています。

斎藤　宇宙的に見ても、この場所が、情報を収集できる唯一《ゆいいつ》の場所というようなことですね。

日本人のルーツについて言及されている『日本建国の原点』（幸福の科学出版）

大川隆法　「唯一というわけではないけども。まあ、これは自分が聞いたわけじゃなくて、ほかの人から聞いたことだけども、ある二人のところを操作して、ここの場所に変えた」ということを何か言っていますね。

斎藤　えっ？　二人の人を経由して、この場所に変えた？

大川隆法　ええ、「大川家の娘《むすめ》二人に干渉《かんしょう》を入れて、場所をここに持ってきた」と言っています。

斎藤　つまり、九十九里浜《くじゅうくりはま》、長生村《ちょうせいむら》へということですね。

大川隆法　確かに、次女の愛理沙《ありさ》が那須《なす》の幸福の科学学園のほうにいるのですが、彼女は、「大学まで『山』じゃないでしょうね」と言っていました（笑）。

私は、「山の下のテニスコートがあるあたりを買い取れば、十万坪《つぼ》ぐらいあるから、そこに大学を建てたら、近くだし、便利でいいな」と思っていましたが、彼女は、「『山』が長すぎる。十年は長いんじゃないか」と思っていたのです。

それから、長女の咲也加《さやか》のほうにも、インスピレーションを降ろした人がいたようです。

「ほかに、（大川咲也加に）『大学まで山じゃないでしょうね。さすがに、東京のほうに持ってこられないのか』ということを言わせた人がいる。それは私たちじゃないけれども、そう言わせた人がいて、総裁が、『分かった。それだったら、こちらの東京に近いところへ移す』と言って、ここが出てきた」と言っていますね。

「エル・カンターレが選ぶ場所で、災害が起きるはずはない」

斎藤　「災害マップ」を出してください（モニターに千葉県の災害マップが映《うつ》る）。

千葉県の地震・津波被害図（東日本大震災時）

「三・一一」（東日本大震災《だいしんさい》）では津波《つなみ》がありましたが、これは、災害後、一カ月たったときに、千葉県が調査したものです。色が付いている部分が災害のあったところなのですが、海に面する九十九里浜で、唯一、長生村だけが無傷《むきず》でした。水害がまったくのゼロだったのは、長生村だけしかないのです。

これは県の調査なのですが、「非常に不思議だな」と……。

大川隆法　「そのへんは、もう予想済みになってはいる。エル・カンターレが選ぶ場所で、そんなことが起きるはずはないんだ」と言っていますね。

里村　そうすると、エルフのみなさんは、「エル・カンターレの存在をご存じでいらっしゃって、地球に来ている」ということになりますけれども。

大川隆法　はい。それから、「（宇宙人に対して）恐怖心を感じて、『襲《おそ》われるのではないか』『捕《つか》まるのではないか』『連れて行かれるのではないか』と思うとき、『悪質宇宙人撃退祈願《きがん》』が間に合わないような場合には、とにかく、エル・カンターレの名前を連呼し続けたらいいんだ。六人いたら、六人みんなで、『エル・カンターレ！　エル・カンターレ！』と大声を出して叫《さけ》び続けるといいんだ。そうしたら、絶対、（宇宙人は）帰っていく。通信がいろいろなところに行って、ＦＢＩのような宇宙人たちがやって来るので、何もできなくなるのだ」と言っています。

里村　もしかして、エルフの「エル」というのは、エル・カンターレとつながりがあるからではないですか。

大川隆法　うーん。あるのかもしれないけれども、そこまでは分からないですね。

HSUに「世界初の発見」が出てくる可能性は高い

里村　ただ、今日、お話をお伺いして、「人の心に関するもの」とか、「未来が分かって、そのための伏線《ふくせん》を敷《し》く」とかいう点で、そうとうな科学、あるいは心の科学が進んだ星だと思うのですが、いかがでしょうか。

大川隆法　そうでしょうね。

ただ、（HSUの）土地を買ったのは、二〇〇八年ぐらいでしょう。かなり前です。そうとう早いうちに買っているので、予定としては、だんだんに引っ張っていかれている感じなのでしょう。

ですから、HSUに、世界初の発見がいろいろと出てくる可能性は高いですね。

「水の惑星《わくせい》」に住んでいるエルフ星人の特徴《とくちょう》

里村　エルフの方々には「エラ」があるとのことですけれども、彼らは海や水のなかを潜《もぐ》れるのですか。

大川隆法　（エルフ星は）「水の惑星《わくせい》」なのです。あちらも水の惑星らしいです。

里村　そうすると、水のなかでの生活が、わりと一般《いっぱん》的なのですか。

大川隆法　陸もあるけれども、水の惑星ではあるらしいです。そういう意味で、地球も水の惑星ではありますね。

環境《かんきょう》的には、エルフの星のほうは水が八割、陸が二割ぐらいで、彼らは基本的に両生類なのです。あちらでは、海のなかと陸の両方で生活できるようになっているらしいのです。彼らは、海中にも陸にも家を持っていて、どちらでも生活できるようになっているようです。

ただ、今日は、その文化様式までリサーチできる時間はありません。

「海のなかでも、陸でも住めるようになっている。日本でも、海中の竜宮城《りゅうぐうじょう》の伝説などがたくさんあるけれども、蟹座のエルフの星のほうに行って、そういう体験をした人がいるのかもしれない」ということは言っています。

地球に来ている宇宙人は五百種類ぐらいいる

斎藤　いろいろな伝説でも、「海から上がってきて知識を授《さず》けた」というオアンネス

オアンネス

ビラコチャ

オアンネス
シュメール神話に登場する半魚半人の生物。海から来て、人類に、農業や建築、文字、法律、数学などを教えたとされる。

ビラコチャ
インカ神話に登場する神。万物を創造し、アンデス地方の人々に文明を授けた後、海の泡へ消えたとされる。

（半魚人）とか、ペルーのビラコチャとかがありますけれども、そういう知性のある方がいる、海と陸が合体したような惑星系があるのでしょうか。

大川隆法　はい。実際上、地球に来ている宇宙人の全種族を合わせると、誰《だれ》も明確には知らないけれども、たぶん五百種類ぐらいはいるのではないかと思われます。

斎藤・里村　五百種類ですか。

大川隆法　はい。たぶん、そのくらいです。誰も、数は正確には知らないのですが、五百種類ぐらいはいます。メジャーなところは幾《いく》つかに絞《しぼ》られ、そこがだいたい支配しています。メジャーなところ、〝メジャーリーグ〟がだいたい支配しているのですが、「小さなところも入れると、たぶん五百種類ぐらいまで来ていると思われる」と言っています。

ＨＳＵの開学に向けて宇宙人が見に来ている？

里村　今年二〇一五年の十月には、「ＵＦＯ学園の秘密」という、幸福の科学グループのアニメ映画が公開いたします。それのみならず、ほかにも宇宙関係の映画が多いですし、ＨＳＵも四月に開学ですが、今年には、何か意味があるのでしょうか。

大川隆法　今年はＨＳＵをつくりましたが、篤志家《とくしか》がいたら、多少、映像系機材の寄付を頂いて、いろいろなとこ

宇宙時代の到来を告げる映画「ＵＦＯ学園の秘密」から

2015年10月公開の映画「ＵＦＯ学園の秘密」（製作総指揮・大川隆法）では、さまざまな星の様子や多様な機種のUFOが描かれている。

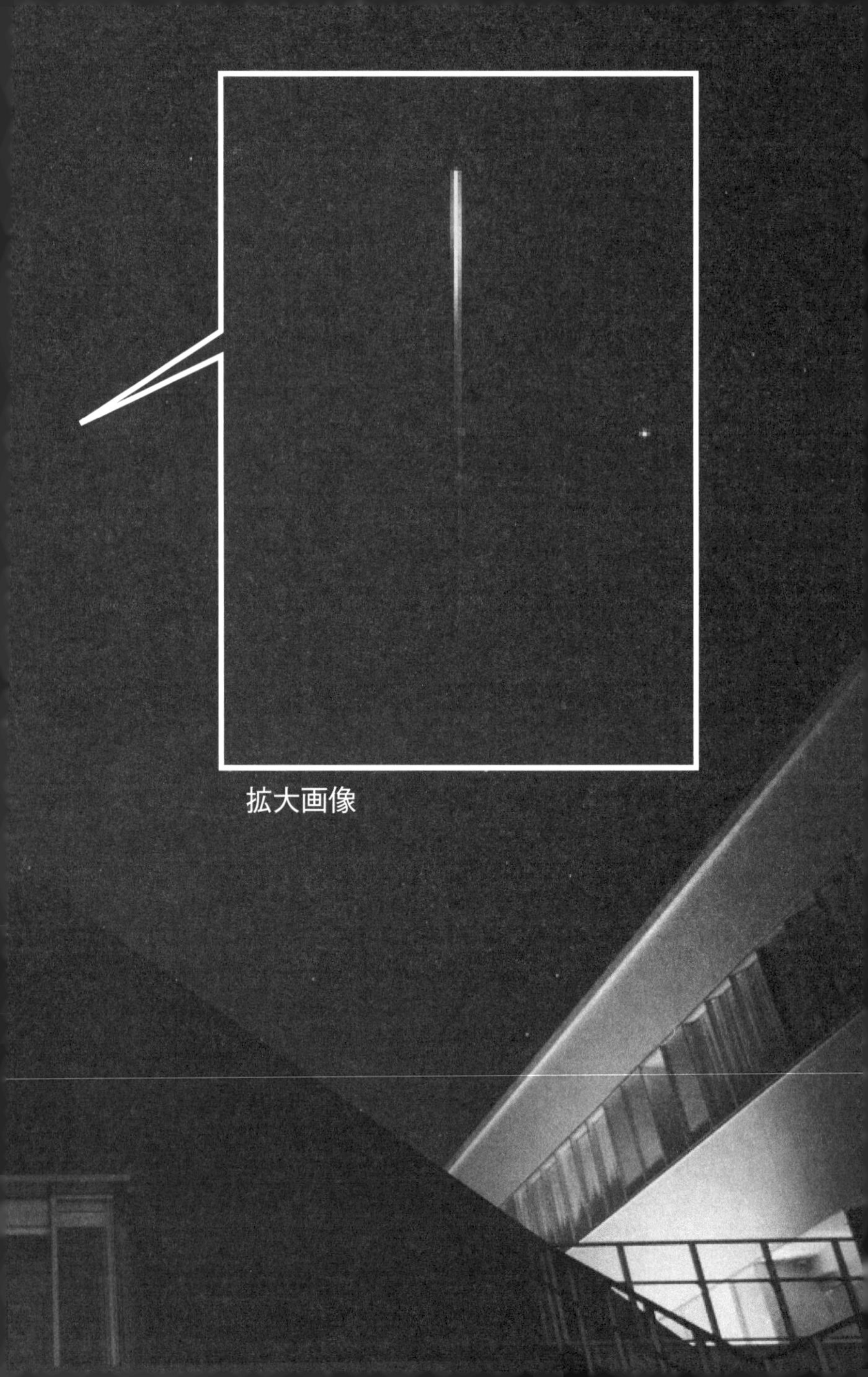
拡大画像

写真③

HSU礼拝堂上空に謎の光体が出現！（2015年2月15日撮影）

2015年2月15日未明4時59分、HSUで夜景を撮影していたプロカメラマンが、偶然、礼拝堂上空に出現した謎の光を撮影することに成功。カメラマンの証言によると、はじめはHSU礼拝堂上空に流星らしき光が画面の上から下へと縦方向に流れ、次いで、左から右へと横方向に流れた。一瞬のことだったため、さらに注意して撮影を続けていくと、急に1等星のように輝く明るい星が現れ、その光が上から下へとゆっくり移動して消失していった（上写真。30秒間露光）。その前に現地で見かけていたジェット機の飛行や流星とはまったく違う動き方だったという。

ろに付けておいたほうがいいかもしれませんね。男女の密会が映ってしまう場合があるかもしれないけれども（笑）、宇宙人やＵＦＯが撮《と》れる可能性はかなり高いですね。

斎藤　（モニターの画像を指して）これ（写真③）は、ピラミッド型礼拝堂《らいはいどう》の上にＵＦＯが写った写真です。この写真を撮る前に点滅《てんめつ》するジェット機が飛んでいたり流星が二つ流れたらしいのですが、その後、それとは違った光のＵＦＯがピラミッドの上空を縦方向にズボーンと動いて、フッと消えたわけです。プロのカメラマンが撮った写真です。

大川隆法　面白《おもしろ》いですね。（宇宙人が）見に来ているんですよ。だから、ＨＳＵの開学前後には、撮影《さつえい》隊はよく気をつけて頑張《がんば》ったほうがよろしいですね。これは、見に来ているのでしょう。

7 「宇宙の法」は今後、どこまで明かされるのか

地球の進化度を上げる「エル・カンターレの法」

里村　今、ＨＳＵについてご指摘《してき》いただきました。重ねての質問になりますが、二〇一五年は「宇宙の法」に関連して、映画も公開されますが、「何か意味がある」と考えてよろしいのでしょうか。

大川隆法　「エル・カンターレの法」が最後に説き遺《のこ》すのは、「宇宙の法」と「未来の法」の部分なので、「宇宙の神秘と未来についてどこまで説き明かせるか」ということがかかわっています。

ですから、現に今言っている、「あの世がある」とか、「宇宙人が来ている」とか、

「ＵＦＯがある」などというレベルの常識が突破《とっぱ》できなかったら、先に行かないです。先に行けば行くほど、この世的には〝狂《くる》って〟いるように見えるからです。

そういう意味での「思想的な戦い」が起きているわけですが、今ぐらいの時期から取りかからなければ、もう間に合わないというか、全部を明かすことができないで終わる可能性が高いです。地球では、私の次にそこまで明かせる人が出る可能性はかなり少ないですし、時間的にも少ないので、「今回、明かせるところまで明かす」というのが一つの方法となっています。

それを明かすことができれば、「地球の進化度が

第46回ヒューストン国際映画祭でスペシャル・ジュリー・アワードを受賞した映画「神秘の法」（製作総指揮・大川隆法／幸福の科学出版／2012年公開）では、地球人の混乱に乗じたレプタリアン型宇宙人の侵略シーンも描かれている。

もう一段上がり、宇宙のなかで〝先進星《せんしんぼし》〟になる」ということはありえますが、そこまで明かせなかったら、進化度はそこまで行っていないところで終わるわけです。

斎藤　大川隆法総裁が、いろいろな高次元の宇宙人の方々をリーディングされたときに、「文明の進化速度を上げるために、私たちは支援《しえん》している」といった意見を言う方が何人かいらっしゃいましたが、メシア星のなかで「宇宙の法」が説かれるために、そういう促進《そくしん》をしているのですか。

大川隆法　（モニターに映った写真③のピラミッド型礼《らい》拝堂《はいどう》を指して）この形から見ても、エジプトからアトランティスあたりの文明の記憶《きおく》を再現しているわけなので、ここで開学して研究したら、彼らが何をやっていたのか

『アトランティス文明の真相』
（幸福の科学出版）

『アトランティス文明・ピラミッドパワーの秘密を探る』
（幸福の科学出版）

が明らかになってきます。「アトランティス時代の文明とは何だったのか。エジプト初期の文明とは何だったのか。こういうものがもっと明らかになってくるでしょう」と言っています。

里村　ということは宇宙のみならず、地球史も含《ふく》めて全部一変していくことになりますね。

宗教団体として一定の規模や実績をつくるべき

大川隆法　それを明らかにするためには、一定の勢力《せいりょく》の確保はどうしても必要です。みんなが〝奇人変人《きじんへんじん》〟として刑務所《けいむしょ》に入れられたり、病院に入れられたりしないレベルの規模が必要なのです。やはり、宗教団体として「日本での規模と定着度《ていちゃくど》」と「世界での拠点《きょてん》・本拠づくり」の部分が固まらないと明らかにできないので、この世の運動と連動しているわけです。

「もう、これは引っ繰《く》り返せない。引っ繰り返せない勢力として、もはや地に根を下ろした」と思われるぐらいになったら、受け容《い》れざるをえないではないですか。もし、今、キリスト教やイスラム教が新宗教として起きたとしたら、それぞれの言っていることはかなりおかしいでしょう。イスラム教のようなものが新宗教として起きて、「女性は全員、体を包み、目だけしか出してはいけない」「学校に行ってはいけない」「家から出してはいけない」「主人以外には体や顔を見せてはいけない」などというようなことをやったら、必ず弾圧《だんあつ》されますよね？

里村　確かに。

大川隆法　キリスト教の復活の思想とか、水をワインに変えたとか、パンを降らせたとか、魚を出したとか、今の新宗教がそういうことを言って、ワアワアと騒《さわ》ぎ始めたら、絶対、弾圧の対象になりますよね？

里村　はい。

大川隆法　そのように、過去のもので大きくなっているから、それを言ってもいいし、それで精神病院に送られたり、逮捕《たいほ》されたりするようなことはないけれども、（規模が小さいと）そういうこともありえるから、「一定の規模や実績をつくってしまわないといけないんだ」と言っていますね。

里村　「本当の知識を明かすためにも、伝道が大切だ」ということですね？

大川隆法　ある程度のところまでは来ているけれども、もう一段の規模が欲《ほ》しいわけです。

やはり、拠点を含めて、海外の定着度というか、浸透《しんとう》度がまだ十分ではないです

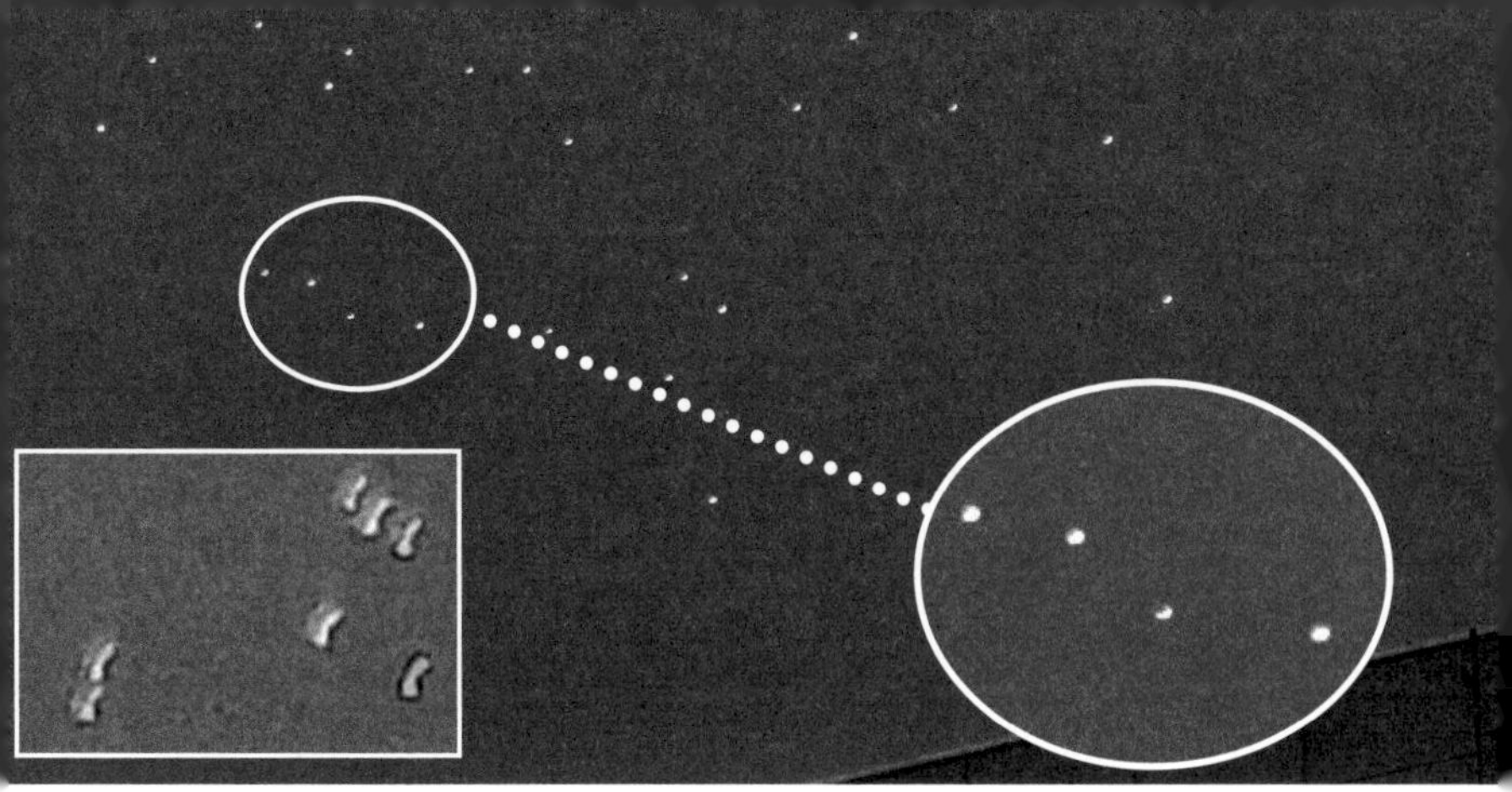

2010 年 12 月 4 日、大川隆法講演会「世界宗教入門―『地球人』へのパラダイムシフト―」の終了直後、会場の横浜アリーナ上空に出現し、数千人が同時に目撃した UFO フリート（艦隊）は、本格的な宇宙時代の到来を予感させた。（左写真は、別カメラから撮影したもの）

し、ほかの宗教に比べれば、国内での信用度は高いけれども、公然と名前を取り沙汰《ざた》されて、「ああ、知っているよ。それなら大丈夫《だいじょうぶ》だ」と言われるまでは行かないところで、今、しのぎを削《けず》っているわけです。大学の不認可についても同じだったと思います。

そういう面があるので、政党も含めて、もう一段、この教えを同時に進めないといけません。「宇宙の法」「未来の法」を明らかにする場合、早すぎると危険なところもあるので、この加減が微妙《びみょう》です。

ただ、「宇宙の人たちからも、応援としていろいろな現象を起こすつもりはあります」ということは言っていますね。

8　マスコミ等の「UFO情報」の否定・隠蔽《いんぺい》に屈《くつ》することなく真実を探究する

対象者の今後に期待し、リーディングを終える

里村　リーディングが長くなり、総裁もお疲《つか》れだと思いますので、（対象者に）もう、よろしいでしょうか。

大川隆法　（対象者に）何か訊《き》きたいことがありましたら……。

沼口祈　いいえ、もう結構です。

大川隆法　地球は〝最後〟かもしれないですから（笑）。〝最初で最後〟かもしれません。

斎藤　もとに戻《もど》ってしまう……、エルフ星に（笑）。いや、ごめんなさい。

沼口祈　（笑）

大川隆法　また、海のなかに住まなければいけないかもしれないですね。

沼口祈　そうですね……。いや、今のところ大丈夫《だいじょうぶ》です。ありがとうございます。

大川隆法　心残りはないですか。大丈夫？

里村　今、あまりにも大きな話がいろいろと明かされましたので……。

大川隆法　お姉さんのほうは、何か大きな使命がおありのようですので、活躍《かつやく》されることを期待したいと思います。

斎藤　ご精進《しょうじん》を期待申し上げます。

大川隆法　今日はもう一つ大きなものを予定として抱《かか》えていたのですが、一つでかなり時間を使ってしまいましたので、これで止《や》めましょうか。

里村　はい。もう長くなりましたので。

斎藤　ご指導、まことにありがとうございました。

宇宙人の情報を出すには「教団としての実力」が必要

大川隆法　今後、もっともっと（宇宙人の）情報は出てくると思いますので、それを言ってもおかしく感じられない程度の、教団としての実力がないと駄目《だめ》でしょう。

先ほどの地図（災害マップ）を出して、「ここには津波《つなみ》が来なかった」と言って碑《ひ》を建てているけれども、週刊誌あたりでは、それをからかって笑ったりするぐらいですから、彼ら自身は、「その程度で済む」と思っているわけです。

今、イスラムのほうでは、フランスの風刺《ふうし》画などで暴《あば》れたりしていますけれども（注。二〇一五年一月七日、武装した複数のイスラム過激派が、ムハンマドを冒瀆《ぼうとく》する風刺画を掲載《けいさい》した週刊紙「シャルリー・エブド」のパリ本社を襲撃《しゅうげき》し、編集者など十二人を殺害《さつがい》した〈シャルリー・エブド事件〉。『ムハンマドよ、パリは燃えているか。――表現の自由vs.イスラム的信仰《しんこう》――』『イスラム国〝カリフ〟バグダディ氏に直撃スピリチュアル・インタビュー』〔共に幸福の科学出版刊〕参照）、（マスコミは）宗教や神秘的なものに対して、もう一段、〝距離《きょり》〟を取らないといけません。それこそ、この世的なものが介入しすぎてはいけないところがあるのではないかと思います。

私たちは、政治的・思想的には、「文春《ぶんしゅん》」や「新潮《しんちょう》」的なものに対しても、わりに近いところがあると思うので、そういうところにからかい半分でいろいろな記事を書かれたりするのは不本意《ふほんい》ですし、彼らは未来に時代を進めようとしているのを邪《じゃ》魔《ま》しているることになるので、きちんと改心《かいしん》してもらいたいです。本当にそう思います。

里村　はい。力をつけて……。

斎藤　実力をつけて、力強い伝道をさせていただければと思います。

優秀《ゆうしゅう》な受験生には「ＨＳＵの将来性」を考えてほしい

大川隆法　また、理科系の方も文系の方も受験がまだ続いている時期ですが（収録当時）、優秀《ゆうしゅう》な方はどうか考えてほしいのです。文科省認定の大学へ行ったら、研究ができないことがたくさんありますので、「自分の人生において真実を知りたい」という気持ちがあるのでしたら、ＨＳＵも非常に大事なところなので、その将来性を考えていただければありがたいですし、たくさんの企業《きぎょう》や大黒天《だいこくてん》の方にも支えていただければ幸いかと思います。

里村　はい。私たち弟子《でし》一同でもり立てていきたいと思います。

NHKの超常《ちょうじょう》現象否定派に対抗《たいこう》する「ＴＨＥ《ザ》　ＦＡＣＴ《ファクト》」

大川隆法　（里村に）あなたの番組の「ＴＨＥ《ザ》　ＦＡＣＴ《ファクト》」は、無料でかけているのでしょう？

里村　はい。ただ、おかげさまで、制作費の協力をしてくださるスポンサーがどんどん……。

大川隆法　あ、スポンサーが付いた？　若干《じゃっかん》、制作費が入っているんですよね？

里村　はい。お申し込《こ》みが増えてきました。

大川隆法　それはよかったですね。

里村　はい。どんどん募集《ぼしゅう》しております（笑）。

大川隆法　ＮＨＫの超常現象否定派は、たっぷりと受信料を取り上げて番組をやっていますし、嘘《うそ》を流していますからね。あそこにも、「悪質宇宙人」が入り込んでいるのではないかと思います。受信料をたっぷりもらって、噂《うわさ》によれば、職員一人当たりの平均年収が千七百万円もありながら、あんなデタラメ番組をつくっているわけです。

それに対して、こちらは、ほぼタダに近いかたちでやっています。これはよろしくない世の中でありますので、何とか人気沸騰《ふっとう》して、きちんと資本もできて、さらに事業拡大ができるように指導をしていただきたいと思います。

里村　頑張《がんば》ってまいります。力をつけてまいります。

文科省非公認であっても「真実」を追究する

大川隆法　今日は、「特別編」ということで調べてみました。

よかったですね。「ヘリコプターの見間違《みまちが》いでした」で終わりだったら……。

斎藤　（笑）「誤認ではないか」となったときのため、次の企画を二つ三つ持っていました。

大川隆法　また、機会がありましたら、それもやります。

斎藤　いえ、今回は、驚《おどろ》くべき真実が明らかになりました！

里村　ありがとうございます。

大川隆法　内容的には文科省非公認の内容になるだろうと思いますが、私たちは、誰《だれ》がどう思おうと関係ないのです。「真実は何であるか」ということを知りたいですし、それを追究できるだけの体力を持ちたいのです。

アメリカでも、政府でも、ＣＩＡでも、ＦＢＩでも、軍でも隠蔽《いんぺい》しにかかってきたら、民間人ではそれを開《あ》けようがありません。放送局もすべて押さえ込んでいるでしょうし、日本のテレビや新聞などの談合体質から見た場合、圧力がかかったら、何も出るわけがありません。ですから、いろいろなニュースや情報が集まってくるような番組をつくり、情報ネタを増やしていくことが大事でしょう。

ＮＨＫなどは、わざわざ「ロズウェル事件」の番組をやって、「墜《お》ちたのは気球だった」と映

「THE FACT 異次元ファイル」vs. NHK「幻解！超常ファイル」

超常現象全般に否定的な NHK「幻解！超常ファイル」。2015 年 1、2 月には「アメリカ UFO 神話 ロズウェル事件」を 2 回にわたり、放送。同事件について取り上げた「THE FACT 異次元ファイル」とは正反対の結論だった。

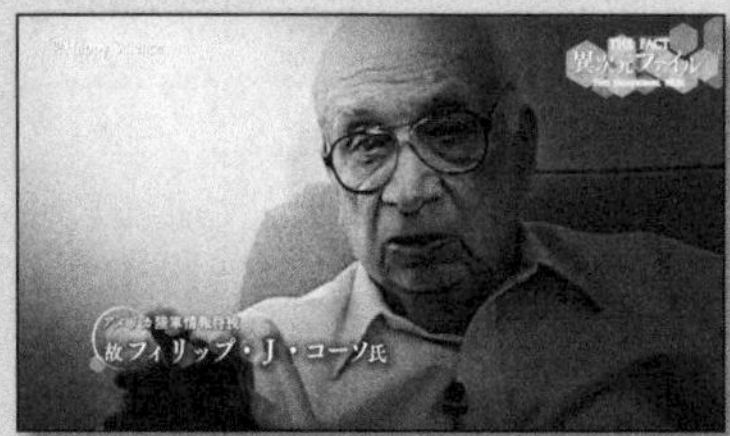

vs

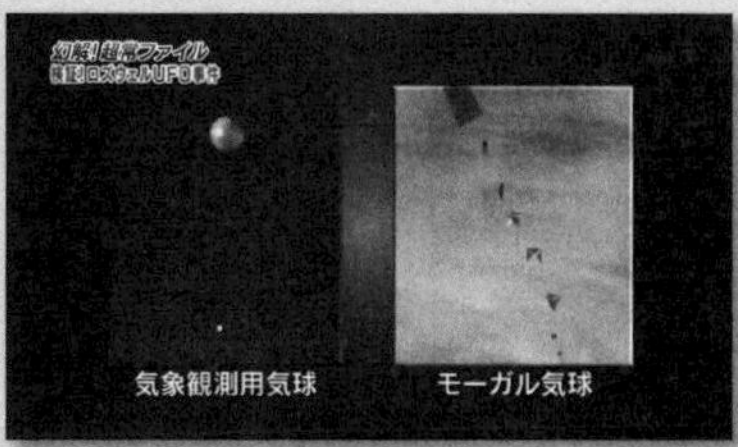

▲「THE FACT 異次元ファイル」
ペンタゴンの陸軍研究開発局で UFO 技術の極秘研究に従事したコーソ氏は、ロズウェルの UFO 墜落現場で報告書と回収した人工物を受け取ったと証言。

▲ NHK「幻解！超常ファイル」
ロズウェルで回収された UFO らしき破片は、その後の空軍による再調査で、当時の最高機密兵器だった気象観測用気球「モーガル気球」と結論づけた。

したりして、輪をかけて否定しにかかっているような状況《じょうきょう》ですから、〝何か〟が入っている感じがしないでもありません（注。二〇一五年一月三十一日、二月七日にNHKの「幻解《げんかい》！超常ファイル」で放送された、「アメリカUFO神話②ロズウェル事件・前編」「アメリカUFO神話③ロズウェル事件・後編」のこと）。

里村　真実の証明のために、力をつけて頑張ってまいります。

大川隆法　やはり、情報を集めないといけませんね。

斎藤　新しい常識をつくってまいります。本日は、ご指導、ありがとうございました。

里村　ありがとうございました。

大川隆法　（手を一回叩《たた》く）ご苦労さまでした。

天雲　大川隆法先生、まことにありがとうございました。

あとがき

二〇一五年十月十日公開予定の、大川隆法製作総指揮の長編アニメ映画「ＵＦＯ学園の秘密」には、当会で独自調査した宇宙人情報が仕込《しこ》まれており、おそらく日本に先立って、ハリウッドで（先行）上映される際には、かの地のＵＦＯ映画製作関係者をも震撼《しんかん》させるものと思われる。

本書では、私がどのようにして宇宙人情報やＵＦＯ情報を得ているか、その秘密の一端《いったん》を明らかにした。

今春で打ち切りになった、某公共放送の超常現象否定の毎週の番組（地上波）は、完璧《かんぺき》に、左翼《さよく》の唯物論《ゆいぶつろん》に立脚《りっきゃく》した洗脳《せんのう》番組であったので、私は日本の科学技術が一層遅れるのではないかと内心危惧《きぐ》し、何冊かの反論書も出し、この「ＴＨＥ

ＦＡＣＴ 異次元ファイル」なるインターネット番組も公開した。

真実は、宇宙人・ＵＦＯは、「いるか、いないか」の二者択一である。私は「いる」という肯定派で一貫《いっかん》している。思い込みで否定するのは簡単だが、未知への挑戦を続ける人たちを軽《かろ》んじる態度は許せないと思う。

二〇一五年　八月八日

幸福《こうふく》の科学《かがく》グループ創始者兼総裁《そうししゃけんそうさい》　大川隆法《おおかわりゅうほう》

『THE FACT 異次元ファイル』大川隆法著作関連書籍

『日本建国の原点』（幸福の科学出版刊）
『地球を守る「宇宙連合」とは何か』（同右）
『宇宙人リーディング』（同右）
『「宇宙人によるアブダクション」と「金縛り現象」は本当に同じか』（同右）
『アインシュタイン「未来物理学」を語る』（同右）
『トス神降臨・インタビュー　アトランティス文明・ピラミッドパワーの秘密を探る』（同右）
『アトランティス文明の真相——大導師トス　アガシャー大王　公開霊言——』（同右）
『ムハンマドよ、パリは燃えているか。——表現の自由vs.イスラム的信仰——』（同右）
『イスラム国〝カリフ〟バグダディ氏に直撃スピリチュアル・インタビュー』（同右）

THE《ザ》 FACT《ファクト》 異次元《いじげん》ファイル

――大学生 UFO 遭遇事件の真相に迫る――

2015年 8 月19日　初版第 1 刷

著　者　大《おお》 川《かわ》 隆《りゅう》 法《ほう》

発行所　幸福の科学出版株式会社

〒107-0052 東京都港区赤坂 2 丁目 10 番 14 号
TEL(03)5573-7700
http://www.irhpress.co.jp/

印刷・製本　株式会社 堀内印刷所

落丁・乱丁本はおとりかえいたします

ISBN978-4-86395-706-0 C0014

写真：NAO/HSC Project　20150702-subaru-fig-origin ／ NASA/JPL-CaltechMSSS/PIA18077
NASA/JPL-CaltechMSSS/PIA0627 ／ NASA/JPL-CALTECHR. HURT ／ Marck170601

大川隆法ベストセラーズ・超常現象の実態を探る

NHK「幻解！超常ファイル」は本当か

ナビゲーター・栗山千明の守護霊インタビュー

NHKはなぜ超常現象を否定する番組を放送するのか。ナビゲーター・栗山千明氏の本心と、番組プロデューサーの「隠された制作意図」に迫る！

1,400円

幻解ファイル＝限界ファウル「それでも超常現象は存在する」

超常現象を否定するＮＨＫへの〝ご進講②〟

心霊現象を否定するＮＨＫこそ非科学的!?タイムスリップ・リーディングで明らかになった4人のスピリチュアル体験の「衝撃の真実」とは！

1,400円

「宇宙人によるアブダクション」と「金縛り現象」は本当に同じか

超常現象を否定するＮＨＫへの〝ご進講〟

「アブダクション」や「金縛り」は現実にある！「タイムスリップ・リーディング」によって明らかになった、7人の超常体験の衝撃の真相とは。

1,500円

神秘現象リーディング

科学的検証の限界を超えて

「超能力」「学校の妖怪」「金縛り」「異星人とのコンタクト」……。最高の神秘能力者でもある著者が、超常現象や精神世界の謎を徹底解明！

1,400円

※表示価格は本体価格（税別）です。

大川隆法ベストセラーズ・宇宙時代の到来に向けて

「宇宙の法」入門

宇宙人と UFO の真実

あの世で、宇宙にかかわる仕事をしている6人の霊人が語る、驚愕の真実。宇宙から見た「地球の使命」が明かされる。

1,200 円

ダークサイド・ムーンの遠隔透視

月の裏側に隠された秘密に迫る

特別装丁 函入り

地球からは見えない「月の裏側」には何が存在するのか？ アポロ計画中止の理由や、2013年のロシアの隕石落下事件の真相など、驚愕の真実が明らかに！

10,000円

ネバダ州米軍基地「エリア51」の遠隔透視

アメリカ政府の最高機密に迫る

ついに、米国と宇宙人との機密が明かされる。人類最高の「霊能力」が米国のトップ・シークレットを透視する衝撃の書。

特別装丁 函入り

10,000 円

地球を守る「宇宙連合」とは何か

宇宙の正義と新時代へのシグナル

プレアデス星人、ベガ星人、アンドロメダ銀河の総司令官が、宇宙の正義を守る「宇宙連合」の存在と壮大な宇宙の秘密を明かす。

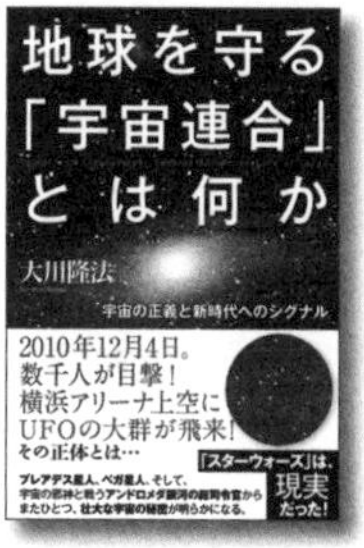

1,300 円

大川隆法 ベストセラーズ・宇宙時代の到来に向けて

宇宙人リーディング

よみがえる宇宙人の記憶

イボガエル型金星人、ニワトリ型火星人、クラリオン星人、さそり座の宇宙人、エササニ星人が登場。大反響「宇宙人シリーズ」第3弾!

1,300円

グレイの正体に迫る

アブダクションから身を守る方法

レプタリアンにつくられたサイボーグの「グレイ」と、宇宙の平和を守る「宇宙ファイター」から、「アブダクション」の実態とその撃退術が明かされる。

1,400円

宇宙人による地球侵略はあるのか

ホーキング博士「宇宙人脅威説」の真相

物理学者ホーキング博士の宇宙の魂が語る、悪質宇宙人の地球侵略計画。「アンドロメダの総司令官」が地球に迫る危機と対抗策を語る。

1,400円

※表示価格は本体価格(税別)です。

最新刊

SF 作家 小松左京の霊言 「日本沈没」を回避するシナリオ

SFで描かれた未来が現実に!? 映画『日本沈没』の原作者が天上界から贈る、驚愕の近未来予測。天変地異や他国からの侵略を回避する術とは?

1,400 円

皇室の新しい風 おそれながら、「佳子さまリーディング」

国民から絶大な人気の佳子さま。そのお人柄、皇室への思い、ご将来の夢とは——。皇室の美しいプリンセスの知られざる人気の秘密が明らかに。

1,400 円

宇宙時代がやってきた！

ＵＦＯ情報最新ファイル

ＨＳエディターズ・グループ編

日本人が知らない最新ＵＦＯ情報や宇宙人遭遇体験が満載。この秋公開のハリウッドを超える〝宇宙体験〟映画「ＵＦＯ学園の秘密」も紹介!

926 円

この2つの番組があな

幸福の科学公

異次元ファイル　検索

Amazon・書店で発売中
1,000円（税込）幸福の科学出版刊

DVD絶賛発売中

「異次元ファイル」

番組第1回から第4回までを収録したほか、元カナダ国防大臣ポール・ヘリヤー・ロングインタビュー」「映画UFO学園の秘密特典映像」も！〈本書を抜粋した第2回も所収しています〉

Amazonでの
ご購入はこちら
異次元ファイル

Welcome to Happy Science!
幸福の科学グループ紹介

「一人ひとりを幸福にし、世界を明るく照らしたい」──。その理想を目指し、
幸福の科学グループは宗教を根本《こんぽん》にしながら、幅広い分野で活動を続けています。

宗教活動

宗教法人 幸福の科学【happy-science.jp】
- 支部活動【map.happy-science.jp（支部・精舎へのアクセス）】
- 精舎（研修施設）での研修・祈願【shoja-irh.jp】
- 学生局【03-5457-1773】
- 青年局【03-3535-3310】
- 百歳まで生きる会（シニア層対象）
- シニア・プラン21（生涯現役人生の実現）【03-6384-0778】
- 幸福結婚相談所【happy-science.jp/activity/group/happy-wedding】
- 来世幸福園（霊園）【raise-nasu.kofuku-no-kagaku.or.jp】

来世幸福セレモニー株式会社【03-6311-7286】

株式会社 Earth Innovation【earthinnovation.jp】

社会貢献

ヘレンの会（障害者の活動支援）【www.helen-hs.net】

自殺防止運動【www.withyou-hs.net】

支援活動
- 一般財団法人
「いじめから子供を守ろうネットワーク」【03-5719-2170】
- 犯罪更生者支援

国際事業

Happy Science 海外法人
【happy-science.org（英語版）】【hans.happy-science.org（中国語簡体字版）】

教育事業

学校法人 幸福の科学学園
- 中学校・高等学校（那須本校）【happy-science.ac.jp】
- 関西中学校・高等学校（関西校）【kansai.happy-science.ac.jp】

宗教教育機関
- 仏法真理塾「サクセスNo.1」（信仰教育と学業修行）【03-5750-0747】
- エンゼルプランV（未就学児信仰教育）【03-5750-0757】
- ネバー・マインド（不登校児支援）【hs-nevermind.org】
  - ユー・アー・エンゼル！運動（障害児支援）【you-are-angel.org】

高等宗教研究機関
- ハッピー・サイエンス・ユニバーシティ（HSU）

政治活動

幸福実現党【hr-party.jp】

- <機関紙>「幸福実現NEWS」
- <出版> 書籍・DVDなどの発刊

HS政経塾【hs-seikei.happy-science.jp】

出版 メディア 関連事業

幸福の科学の内部向け経典の発刊

幸福の科学の月刊小冊子【info.happy-science.jp/magazine】

幸福の科学出版株式会社【irhpress.co.jp】

- 書籍・CD・DVD・BDなどの発刊
- <映画>「UFO学園の秘密」【ufo-academy.com】ほか８作
- <オピニオン誌>「ザ・リバティ」【the-liberty.com】
- <女性誌>「アー・ユー・ハッピー？」【are-you-happy.com】
- <書店> ブックスフューチャー【booksfuture.com】
- <広告代理店> 株式会社メディア・フューチャー

メディア文化事業

- <ネット番組>「THE FACT」【youtube.com/user/theFACTtvChannel】
- <ラジオ>「天使のモーニングコール」【tenshi-call.com】

スター養成部（芸能人材の育成）【03-5793-1773】

入会のご案内

幸福の科学では、大川隆法総裁が説く仏法真理《ぶっぽうしんり》をもとに、「どうすれば幸福になれるのか、また、他の人を幸福にできるのか」を学び、実践しています。

入会

仏法真理を学んでみたい方へ

大川隆法総裁の教えを信じ、学ぼうとする方なら、どなたでも入会できます。入会された方には、『入会版「正心法語」』が授与されます。

三帰《さんき》誓願《せいがん》

信仰をさらに深めたい方へ

仏弟子としてさらに信仰を深めたい方は、仏《ぶっ》・法《ぽう》・僧《そう》の三宝《さんぽう》への帰依を誓う「三帰誓願式」を受けることができます。三帰誓願者には、『仏説・正心法《しょうしんほう》語《ご》』『祈願文《きがんもん》①』『祈願文②』『エル・カンターレへの祈り』が授与されます。

Information

幸福の科学 サービスセンター

TEL 03-5793-1727（受付時間／火～金：10～20時　土・日祝：10～18時）

宗教法人 幸福の科学 公式サイト happy-science.jp

学部のご案内

人間幸福学部

人間学を学び、新時代を切り拓くリーダーとなる

人間の本質と真実の幸福について深く探究し、
高い語学力や国際教養を身につけ、人類の幸福に貢献する
新時代のリーダーを目指します。

経営成功学部

企業や国家の繁栄を実現する、起業家精神あふれる人材となる

企業と社会を繁栄に導くビジネスリーダー・真理経営者や、
国家と世界の発展に貢献する
起業家精神あふれる人材を輩出します。

未来産業学部

新文明の源流を創造するチャレンジャーとなる

未来産業の基礎となる理系科目を幅広く修得し、
新たな産業を起こす創造力と起業家精神を磨き、
未来文明の源流を開拓します。

未来創造学部

2016年4月
開設予定

時代を変え、未来を創る主役となる

政治家やジャーナリスト、ライター、俳優・タレントなどのスター、
映画監督・脚本家などのクリエーターを目指し、国家や世界の発展、
幸福化に貢献できるマクロ的影響力を持った徳ある人材を育てます。

キャンパスは東京がメインとなり、2年制の短期特進課程も新設します（4年制の1年次は千葉です）。2017年3月までは、赤坂「ユートピア活動推進館」、2017年4月より東京都江東区（東西線東陽町駅近く）の新校舎「HSU未来創造・東京キャンパス」がキャンパスとなります。

この地球《ほし》は、宇宙に必要か？
あなたを待ち受ける、
衝撃の〝宇宙体験〟
ベガ、プレアデス、
ダークサイド・ムーン――
ついに、地球人《あなた》は「宇宙人の秘密」を目撃する！
大川隆法 製作総指揮
長編アニメーション映画
UFO学園の秘密
The Laws of The Universe Part 0
製作総指揮・原案／大川隆法
監督／今掛勇　脚本／「UFO 学園の秘密」シナリオプロジェクト　音楽／水澤有一
総合プロデューサー／本地川瑞祥 松本弘司
総作画監督・キャラクターデザイン／今掛 勇　キャラクターデザイン／佐藤 陵　須田正己　美術監督／渋谷幸弘
VFX クリエイティブディレクター／栗屋友美子
キャスト／逢坂良太　瀬戸麻沙美　柿原徹也　金元寿子　羽多野渉
銀河万丈　仲野裕　千菅春香　藤原貴弘　白熊寛嗣　二又一成　伊藤美紀　浪川大輔
アニメーション制作／ HS PICTURES STUDIO　幸福の科学出版作品
©2015 IRH Press　配給／日活　配給協力／東京テアトル
UFO学園
検索
NIKKATSU
10月10日 全国一斉ロードショー！